beck**¹**sche**reihe**

b**ˢʳ**

Warum tun wir das Gute häufig nicht, obwohl wir wissen, worin es besteht? Wir passen uns dem an, was wir für die Meinung der Mehrheit halten, obwohl es gar nicht unserer Überzeugung entspricht; statt auf Zusammenarbeit setzen wir auf Ellenbogendenken; wir lassen uns Dinge aufschwatzen, die wir nicht wollen; viele Menschen verschulden sich; wir geraten in unnötige Konflikte und Streitereien, die uns Kraft und Energie kosten.

Die Kernbotschaft dieses Buches ist, dass wir Erkenntnisse der wissenschaftlichen Psychologie nutzen können, um das, was wir als gut erkannt haben, in unserem Leben umzusetzen. Es zeigt uns, wie wir das Richtige auch richtig tun können.

Rolf Reber (geb. 1959 in Basel) ist nach Forschungsaufenthalten in den USA und Frankreich seit 2003 Professor für Kognitionspsychologie an der Universität Bergen, Norwegen. In der Beck'schen Reihe ist von ihm erschienen: *Kleine Psychologie des Alltäglichen. 77 Lektionen, das Leben besser zu verstehen* (²2008).

Rolf Reber

Gut so!

Kleine Psychologie der Tugend

Verlag C. H. Beck

Mit Illustrationen von Jussi Steudle

Originalausgabe

© Verlag C.H. Beck oHG, München 2008
Gesetzt im Verlag
Druck und Bindung: Druckerei C.H. Beck, Nördlingen
Umschlaggestaltung: malsyteufel, willich
Umschlagabbildung: © Jussi Steudle
Printed in Germany
ISBN 978 3 406 57362 0

www.beck.de

Inhalt

Einleitung

Alle Menschen wollen gut sein. Die Allermeisten haben sich Gedanken gemacht, was das Gute ist, und wissen, welche Werte für sie gelten sollen. Obwohl die meisten Menschen wissen, was das Gute ist, geht im täglichen Leben manches schief: Die Hälfte aller Ehen wird geschieden; am Arbeitsplatz und in der Schule herrscht oft harter Wettbewerb statt ein Klima der Zusammenarbeit; viele Menschen wollen am Konsumrausch teilhaben und verschulden sich; wir lassen uns Dinge aufschwatzen, die wir nicht wollen; geraten in unnötige Konflikte und Streitereien, die uns Kraft und Energie kosten. Auch wenn die meisten Menschen das Leben einigermaßen meistern, haben doch viele das Gefühl, ihr Leben könnte eigentlich besser aussehen, als es ist. Die Kernbotschaft dieses Buches lautet, wir können Erkenntnisse der wissenschaftlichen Psychologie nutzen, um das, was wir als gut erkannt haben, in unserem Leben umzusetzen. Es geht davon aus, dass man erstens das Richtige tun will und zweitens – wenn man für sich weiß, was das Richtige ist –, dass man es auch richtig machen will. Das Buch soll Ihnen zeigen, wie Sie das Gute in die Tat umsetzen können.

Wir werden uns im ersten Kapitel die wichtigsten Quellen des Guten kurz anschauen. Dann frage ich, warum wir das als gut Erkannte oft nicht tun, um im Hauptteil des Buches zu beschreiben, wie wir das Gute tun können. Ich werde mich hier von einer Dreiteilung des Guten leiten lassen, die schon in sehr alten Religionen, zum Beispiel der Religion des Zarathustra, anzutreffen ist und auch im Christentum eine wichtige Rolle spielt: die guten Gedanken, die guten Worte und die guten Taten.

In einer freiheitlichen Gesellschaft ist es jedem selbst überlassen, das Gute zu suchen und zu finden. Die Wissenschaft kann nicht Werte objektiv festlegen, und nur einige wenige, allgemeingültige Werte sollten in einer Verfassung verankert werden. Ich werde nicht darüber schreiben, was gut ist, sondern wie uns die wissenschaftliche Psychologie helfen kann, das als gut Erkannte in unser tägliches Leben einzubauen. Hier ergeben sich aber drei Widersprüche:

Der erste ist, dass Werte in die wissenschaftlichen Fragestellungen hineinspielen: Wenn ein Forscher wissen will, welcher Führungsstil in der Industrie die höchste Produktivität erbringt, dann steht dahinter unausgesprochen die Annahme, dass hohe Produktivität etwas Gutes ist. Ergibt sich nicht ein Widerspruch, wenn ich wissenschaftliche Erkenntnisse vermitteln will, ohne auf die Werte selbst einzugehen? Ich kann mich nicht darauf herausreden, dies sei nicht meine Angelegenheit, da die hier diskutierten wissenschaftlichen Erkenntnisse oft unausgesprochene Wertvorstellungen enthalten.

Der zweite Widerspruch folgt dem ersten auf dem Fuß: Ich will Ihnen nicht dareinreden, welche Werte Sie gut finden sollen. Ich weiß für mich jedoch ziemlich genau, worin das Gute besteht: Ist es da überhaupt möglich, dass ich Ihnen sage, wie Sie das Gute erreichen können, ohne dass meine eigenen Werte mit hineinspielen? Auch hier dürfte es eine Illusion sein, dass ich Wissenschaft vermittle, ohne dass meine eigenen Wertvorstellungen hinter scheinbar neutralen Wendungen hervorblinzeln. Ich versuche, auf Tugenden einzugehen, von denen ich annehme, dass die meisten von uns sie teilen: etwa Hoffnung, Liebe, Klugheit, Maßhalten, Gerechtigkeit, Tapferkeit. Ich werde die sogenannten Grundtugenden und Kardinaltugenden diskutieren und klarmachen, welche Werte gemeint sind, so dass Sie sehen, worauf sich die Untersuchungen beziehen. So lassen sich die ersten beiden Widersprüche zwar nicht auflösen, aber doch transparent machen.

Der dritte Widerspruch hat mich am meisten beschäftigt: Bin ich denn als Mensch gut genug, ein Buch über das Gute zu schreiben? Während viele Bekannte mich wohl für einen angenehmen Zeitgenossen halten, mag es welche geben, die sich fragen, warum gerade der Reber ein solches Buch schreibt. Es geht hier nicht darum, Ihnen meine persönlichen Weisheiten mitzuteilen, sondern Erkenntnisse der wissenschaftlichen Psychologie, die breiter abgestützt sind als meine Lebenserfahrung. Was aber unterscheidet wissenschaftliche Psychologie von unwissenschaftlichen Behauptungen, persönlicher Erfahrung oder unserem Gefühl?

Persönliche Erfahrung ist in vielen Fällen recht zuverlässig. Wie aber stellen wir fest, ob sie zuverlässig ist? Dazu müssen wir überprüfen, ob unsere Erfahrung mit der Wirklichkeit übereinstimmt. Oft können wir uns im täglichen Leben auf unser Gefühl verlassen und Situationen recht genau einschätzen. Manchmal ist dies aber nicht der Fall. Nehmen wir zum Beispiel unsere Erfahrungen mit Horoskopen: Wenn ein Astrologe aus unserem Geburtsdatum unsere Persönlichkeit errechnet und uns das Horoskop zur Lektüre gibt, dann sind wir verblüfft: Das stimmt ja genau! Diese Erfahrung steht in Widerspruch zur wissenschaftlichen Erkenntnis, dass an der Astrologie nichts dran ist. Es ist schwierig, Personen, die auf diese Weise in Staunen versetzt wurden, von der Unwissenschaftlichkeit der Astrologie zu überzeugen; Astrologen dürften der Verblüffung ihrer Kunden einen wesentlichen Teil ihrer Einkünfte verdanken. Wie kann es sein, dass unsere Erfahrung dem wissenschaftlichen Kenntnisstand so krass widerspricht?

Horoskope sind in einer allgemeinen Sprache abgefasst. Da heißt es zum Beispiel, dass wir viel ungenutztes Potenzial besäßen, oft Selbstzweifel hätten und ein starkes Bedürfnis nach Zärtlichkeit verspürten. Wenn ich dies lese, habe ich den Eindruck, dass es verblüffend genau auf mich zutrifft. Der Witz ist: Es trifft auf praktisch alle Menschen zu. Wir alle können unser Potenzial nicht hundertprozentig nutzen; die meisten von uns fragen sich, ob wir denn wirklich das Richtige tun; und wem wärmt es nicht das Herz, wenn er zärtlich in die Arme genommen wird. So wie alle von uns zwei Augen und zwei Ohren, eine Nase und einen Mund haben, so haben wir alle ungenutztes Potenzial, Selbstzweifel und ein starkes Bedürfnis nach Zärtlichkeit. Was Astrologen herausfinden, ist nichts Neues und nichts, was nur uns anginge. Es ist lediglich so, dass wir unsere Selbstzweifel und das Bedürfnis nach Zärtlichkeit nicht zur Schau stellen, so dass man sie nicht sieht wie Augen, Ohren, Nase und Mund. Folglich meinen wir, mit unseren Zweifeln und Bedürfnissen allein zu sein, und sind dann verwundert, dass der Astrologe all dies herausgefunden hat. Dieses Buch basiert auf Einsichten, die wissenschaftlich erforscht wurden; meine eigenen Erfahrungen oder die Erfahrungen anderer mögen zur Illustration dienen, sie beweisen aber nichts.

Psychologische Vorgänge besitzen nicht die präzise Mechanik eines Uhrwerks, sondern spielen in einer komplexen Welt, in der man nicht zu hundert Prozent vorhersagen kann, was geschehen wird. Wenn wir psychologische Erkenntnisse nutzen, dann tun wir eher das Richtige, als wenn wir die Psychologie vernachlässigen. Dies heißt auch, dass wir nicht auf den großen Wurf hoffen dürfen, auf die *eine* Maßnahme, die uns zum guten Menschen katapultiert. Vielmehr sind es kleine Dinge, mit denen wir uns Schritt für Schritt verbessern können. Tag für Tag.

Die Quellen des Guten

Wenn Menschen wissen wollen, was das Gute ist, dann gibt es drei wichtige Quellen, aus denen sie schöpfen können: den gesunden Menschenverstand, die Ethik und die Religion.

Der gesunde Menschenverstand

Der gesunde Menschenverstand speist sich aus zwei Quellen: der biologischen Ausstattung des Menschen und der eigenen Erfahrung. Es scheint zur biologischen Ausstattung des Menschen zu gehören, dass ihm Vertrautes besser gefällt als Unvertrautes und dass er sich vor Fremden mehr fürchtet als vor Personen, die er kennt. Schon Kleinkinder zeigen diese Furcht vor Fremden, wenn sie nach etwa einem halben Jahr einzelne Personen auseinander halten können. Furcht kann auch entstehen, weil sich ein Kind wehgetan hat: Es hat sich in einer Schublade den Finger eingeklemmt und wird diese nächstes Mal mit größerer Vorsicht schließen. Eltern stellen heiße Bügeleisen außer Reichweite der Kinder und verdecken Steckdosen mit Schutzsteckern. Dies ist notwendig, weil es im menschlichen Hirn keine fest verdrahtete Furcht vor Bügeleisen oder Steckdosen gibt; um Unfälle zu vermeiden, müssen Eltern das Kind schützen und ihm klar sagen, dass es weh tut, wenn es dies anrührt.

Der wohl wichtigste Wegweiser für die frühen Menschen war der gesunde Menschenverstand. Dieser war notwendig, um zu überleben. Bereits hier mögen moralische Erwägungen eine Rolle gespielt haben, soweit sie aus den Überlebensnotwendigkeiten abgeleitet werden konnten. So kann es dem Überleben einer Gemeinschaft nutzen, wenn einer selbstlos einem Angehörigen hilft, auch wenn er sein eigenes Leben gefährdet. Erjagtes Essen oder gesammelte Beeren wurden aufgeteilt, wenn auch nicht unbedingt nach Regeln, die wir heute als gerecht ansehen würden. Es war die Moral einer Kleingruppe, für die der gesunde Menschenverstand genügte.

In einer globalisierten Welt herrschen jedoch ganz andere Bedingungen vor: War einst der Gang zum Wasserloch ein gefährliches Unternehmen, muss ich heute beim Auffüllen meiner Wasserflasche am Trinkwasserautomaten unseres Institutes keine Angst haben, dass ein wildes Tier oder der Mitarbeiter einer anderen Abteilung über mich herfällt. Was damals dem Überleben diente – die Angst vor Fremden –, würde mich heutzutage schlicht der Möglichkeit berauben, am modernen Leben teilzuhaben. Trotzdem blitzt die Angst vor Fremden auch in einer aufgeklärten modernen Gesellschaft auf und kann von gewieften Hetzern politisch genutzt werden. Wenn eine Person auf dem Gehsteig umfällt, nicht wieder aufsteht und vor Schmerzen stöhnt, dann frage ich mich nicht, ob sie zu meiner Gruppe gehört, bevor ich helfe. Allerdings führen die Bedingungen einer modernen städtischen Gesellschaft dazu, dass manchmal nicht geholfen wird, obwohl mehrere Menschen um die Not leidende Person herumstehen, wie wir im Abschnitt *Helfen* sehen werden. Die Knappheit der Nahrung, die für die Menschen der Vorzeit dokumentiert ist, hatte Verhaltensweisen zur Folge, die ein Mensch im Zeitalter des Supermarktes nicht mehr anwenden muss, um an sein Essen zu kommen. Trotzdem versucht auch der moderne Mensch, möglichst viel Nahrung zu bekommen und zu horten. Was in der Vorzeit unproblematisch war, wird dank rationeller Nahrungsmittelindustrie und hoher Bevölkerung zum Problem.

So versagte der gesunde Menschenverstand bei der Überfischung an den Küsten im Nordosten der USA: Dort gab es lange Zeit reiche Fischgründe, die den Fischern ein gutes Auskommen lieferten. Mit der zunehmenden Technisierung konnte mehr Fisch gefangen werden, so dass die Fischbestände nach einiger Zeit abnahmen. Schließlich sah man, dass – ginge es so weiter – die Gründe bald ausgefischt sein würden, so dass keiner der Fischer ein Auskommen hätte. Um dies zu verhindern, hätte jeder Fischer weniger Fische fangen sollen; er hätte dann zwar weniger verdient, die Fischbestände wären aber über lange Zeit stabil geblieben und das Einkommen langfristig gesichert gewesen. Die Fischer taten das Gegenteil: Sie fischten weiterhin so viel sie konnten, bis die Fischgründe leer waren und die Fischindustrie einging. Immerhin können sich die Fischgründe jetzt erholen; es hätte aber gar nicht so weit kommen müssen. Der einzelne Fischer war also nicht willens, nur so viel zu fangen, dass die Fischgründe erhalten geblieben wären. Dazu braucht es Übereinkünfte und Regeln.

Ethik

Auch wenn wir oft aus dem Bauch heraus entscheiden können, was gut ist, so ist doch klar geworden, dass wir unser Denken und Handeln nicht alleine dem gesunden Menschenverstand überlassen können. Gruppen von Menschen können darüber nachdenken, was gut ist und was schlecht. Dann rückt neben dem Interesse der Einzelnen das Interesse der Gruppe in den Mittelpunkt.

Vor rund 2500 Jahren begannen in Griechenland einige Philosophen, sich zu fragen, wie man das Leben führen solle, damit es gut sei. Bereits Aristoteles hat sich gefragt, wie Menschen im gewöhnlichen Leben das Gute tun können. Seither haben Menschen immer wieder diskutiert, was denn gutes

Denken, gutes Reden und gutes Handeln seien. Wenn ein Verkäufer uns 50 Euro zuviel zurückgibt, nachdem wir mit einer Hunderternote bezahlt haben: Sollen wir sie einstecken oder ihm die 50 Euro zurückgeben? Obwohl wir das unerwartete Geld selbst gut gebrauchen könnten, ist von einem ethischen Standpunkt aus klar, dass wir die 50 Euro zurückgeben müssen.

Es gibt härtere Zwickmühlen, für die es *die* richtige Lösung nicht gibt: Christine hat einen Freund, Tobias, der gerade in einer tiefen persönlichen Krise steckt. Sie geht eines Abends alleine aus und lernt Bernd kennen, mit dem sie eine Beziehung beginnt, ohne diejenige mit Tobias abzubrechen. Dieser ahnt etwas und fragt Christine, ob sie einen anderen Mann liebe. Christine sagt nein – aus Rücksicht auf den tiefen Schmerz, den sie Tobias zufügen würde. Drei Monate später sieht alles bestens aus für Tobias und Christine: Er hat zu alter Frische gefunden, sie hat die Beziehung zu Bernd aufgegeben und wünscht sich wie Tobias, dass sie lange zusammenbleiben. War es nun richtig, dass sie damals gelogen hat? Soll sie jetzt – im Nachhinein – Tobias den Seitensprung beichten? Auch, um das eigene schlechte Gewissen zu erleichtern? Einige Philosophen neigen dazu, die Aufrichtigkeit über alles zu stellen, und empfehlen, dem einen Fehler nicht einen weiteren hinzuzufügen. Es geht diesen Ethikern um den absoluten Wert der Ehrlichkeit, nicht um die Erleichterung des Gewissens. Es gibt aber auch andere, die nehmen auf das Wohl der Beteiligten Rücksicht, ganz nach der Devise: Was ich nicht weiß, macht mich nicht heiß. Sie würden die Lüge in Kauf nehmen, wenn es Tobias dadurch besser ginge. Müsste Christine auch schweigen, wenn es ihr durch die Erleichterung ihres Gewissens viel besser ginge, Tobias hingegen um weniges schlechter?

Die Sittenlehre – wie die Ethik zu Deutsch heißt – hat wesentlich dazu beigetragen, dass wir im Westen in einer freiheitlich geprägten Gesellschaft leben, in der jeder vor dem

Gesetz gleich ist. Wir haben verbriefte Rechte und Pflichten, und moralische Normen des Zusammenlebens bringen uns dazu, Dinge zu tun, die zwar nicht gesetzlich geregelt sind, aber als gut gelten. Allerdings wissen wir alle, dass das Gute zu kennen noch nicht heißt, auch gut zu handeln. Die Wirren der Französischen Revolution sind ein extremes Beispiel dafür, wie beste Absichten im Strudel von Terror und Gewalt zunichte gemacht werden können. In unserem täglichen Leben geht es weniger dramatisch zu; dennoch tun wir trotz bester Absichten nicht immer das, was wir eigentlich tun wollen. Die Ethik sagt uns, was das Gute ist und wie wir handeln sollen, damit wir das Gute erreichen können. Manchmal spekuliert sie auch darüber, warum Menschen trotz bester Absichten das Gute nicht tun. Dies aber ist eigentlich Gegenstand der wissenschaftlichen Psychologie, der wir wesentliche Einsichten in die Natur unseres Denkens und Handelns verdanken. Die Ethik ist eine grundlegende Voraussetzung für das gute Denken und Handeln; sie macht uns Vorschläge, *was wir tun sollen*. Die wissenschaftliche Psychologie hingegen sagt uns, *wie wir es tun können*.

Religion

Viele sehen Religion als eine Voraussetzung für moralisches Handeln. Wo aber geht Religion über die Ethik hinaus? Wir finden in den Religionen nicht nur Beschreibungen des Guten, sondern auch den Glauben daran, die unbedingte Hinwendung zum Guten und die Verheißung, dass es verwirklicht wird. Zwar kann auch eine Ethik die Hinwendung zum Guten verlangen, kaum aber, dass wir an die Verwirklichung des Guten fest glauben. Glaube und Verheißung sind etwas typisch Religiöses. Neben dem Glauben an das Gute kennen Religionen den Glauben an das Allmächtige: daran, dass uns ein über unsere Fassbarkeit hinausgehendes Gesetz leitet; im Abendland ist dies gemeinhin Gott. Im Gegensatz zur Ethik, in der es um moralisches Wissen geht, geht es in der Religion oft um das, was selbst dem aufgeklärten Menschen Geheimnis bleibt. Dieses tiefe Geheimnis können wir nicht wissenschaftlich erforschen, immerhin aber durch den Glauben an das Allmächtige und das Gute daran teilzuhaben versuchen. Wir müssen dies nicht alleine tun: Menschen gleicher religiöser Gesinnung schließen sich zusammen, um ihren Glauben gemeinsam zu leben. Im Glauben, der Verheißung und in der Gemeinschaft erhebt sich die Religion über die Ethik.

Wie die Ethik formuliert auch Religion, was das Gute ist. In einigen Religionen gibt es zwar Schilderungen, dass sich selbst Götter nicht daran halten; in anderen Religionen finden sich aber klare Vorschriften, wie der religiöse Mensch zu leben habe, um ein guter Mensch zu sein. Einige dieser Vorschriften betreffen Rituale und religiöse Praktiken; sie sehen das Gute im Licht der eigenen Religion. Rituale sind ein wichtiger Bestandteil einer Religion, vermitteln sie doch den Menschen Vertrautheit und binden ihn auf diese Weise an die religiöse Gemeinschaft. Andere Vorschriften betreffen Sittengesetze, die Sexualität, Ehe oder Vergnügungen; sie finden ihren Ausdruck in Regeln oder allgemein gehaltenen Empfehlungen, zum Beispiel der, sich anzustrengen, indem man den schmalen statt den breiten Weg geht (Matthäus 7, 13), oder den Anderen so zu behandeln, wie man selbst behandelt werden möchte.

Nicht nur religiöse Menschen gehen oft davon aus, dass wir das Schlechte tun, weil wir böse sind oder weil «das Fleisch schwach» ist. Ich denke, dass Menschen oft deshalb das Schlechte tun, weil sie die Situation falsch einschätzen oder wichtige Dinge schlichtweg nicht wissen. In den USA habe ich ein Merkblatt über sexuelle Belästigung gelesen, das von der Beratungsstelle einer Universität herausgegeben wurde. Dort stand zu meiner Verblüffung, dass Studenten, die ihre Kommilitoninnen durch anzügliche Sprüche oder Berührungen sexuell belästigen, oft gar nicht wüssten, dass ihr Befummeln und Bequatschen sexuelle Belästigung sei. Führe man dies den Betreffenden vor Augen, dann hörten sie damit auf. Natürlich gibt es auch die Anderen: diejenigen, die genau wissen, dass ihr Tun unmoralisch ist. Außerdem entschuldigt Nichtwissen die sexuelle Belästigung nicht. Ich stelle mir allerdings vor, wie sehr ein an sich gutwilliger Student später sein Tun bereut, das vielleicht aus einer Mischung von sexueller Begierde, Hilflosigkeit und Unwissenheit entstanden ist. Wie ich unten näher erklären werde, geht es nicht darum, dass Menschen im Grunde böse sind – sie sind dies wahrscheinlich ebenso wenig, wie sie im Grunde gut sind.

Wie die Ethik beschränkt sich auch die Religion darauf, dass sie dem Menschen zwar sagt, worin das Gute bestehe, aber kaum, was man konkret tun muss, um gut zu sein. Dort, wo Religionen Gesetze und Regeln aufstellen, sind es die oben erwähnten religiösen Vorschriften und Sittengesetze. Außerdem schützt Religion nicht davor, dass besten Absichten schlechte Handlungen folgen können, wie religiös motivierte Gewalttaten bis in unsere Tage zeigen. Religionen bringen nicht nur Menschen zusammen, sondern schließen Menschen auch aus.

Um zusammenzufassen: Wir wissen ganz gut, worin das Gute besteht. Es mag einige zentrale, für jeden Menschen gültige Werte geben und andere, die auf eine Kultur, eine Familie oder einen einzelnen Menschen zugeschnitten sind. In Südamerika hat Religion einen anderen Stellenwert als in westeuropäischen Ländern; die eine Familie legt Wert auf Zusammenhalt unter den Mitgliedern, eine andere auf deren Eigenständigkeit; der eine Mensch sieht in seiner Tätigkeit als Arzt seinen Beitrag an die Gesellschaft, ein anderer in der Ausgrabung von Wikingersiedlungen an der Küste Norwegens. Doch das Wissen, was gut ist, genügt nicht. Wir müssen auch wissen, wie wir das Gute tun können. Hier hilft uns die Wissenschaft.

Wir alle kennen die Situation, dass wir etwas gut meinen, aber es kommt völlig falsch heraus. Zum Beispiel dachte man in den 1960er Jahren, dass antiautoritäre Erziehung gut sei. Man glaubte, alle Probleme auf einen Schlag lösen zu können: Statt die Kinder mit Regeln und Vorschriften zu drangsalieren, lässt man ihnen Freiraum. Dies führe zu einem reifen Menschen, der das Gute von sich aus tue und nicht, um Belohnung zu erlangen oder Strafe zu vermeiden. Die Eltern sind nicht strenge Erzieher, sondern liebe Freunde, die geduldig das Kind machen lassen. Die Wirklichkeit sah anders aus: Statt friedfertige Freunde zog man kleine Despoten heran, die den Eltern sagten, wo es langgeht. Die antiautoritäre Erziehung hat die Erziehung sicherlich in Richtung weniger Strenge und mehr Erziehung zur Selbständigkeit beeinflusst; die Forschung zeigt in der Tat, dass allzu harsche Erziehungsstile, wie sie früher üblich waren, der psychischen Entwicklung des Kindes abträglich sind. Die wissenschaftliche Erforschung von Erziehungsstilen zeigt aber auch, dass Grenzen und Regeln wichtig sind, um das Kind zu einem reifen Erwachsenen heranzuziehen, der nicht nur selbständig denken und handeln kann, sondern sich auch mit anderen Menschen verträgt. Wenn wir also glauben, dass ein bestimmter Erziehungsstil zu einem bestimmten Resultat führt, dann kann man untersuchen, ob diese Behauptungen stimmen.

Wissenschaftliche Forschung hilft uns, zu ermitteln, inwiefern Behauptungen mit der Realität übereinstimmen. Sie kann zum Beispiel die verschiedenen Erziehungsziele erforschen und deren Konsequenzen aufzeigen. Die Wissenschaft kann hingegen nicht selbst Werte festsetzen: Soll man zum Beispiel Kinder eher zu Selbständigkeit oder zu Gehorsam erziehen? Das müssen Eltern und die Gesellschaft bestimmen, die dafür Ethik und Religion zu Rate ziehen können. Kurz gesagt, wir setzen mithilfe von Ethik und Religion fest, was gut ist. Mithilfe der Wissenschaft hingegen lassen sich keine Werte festsetzen. Oft wissen wir aber nicht, wie wir das Gute erreichen können. Dann ist die Wissenschaft das geeignete Mittel, herauszufinden, wie wir die einmal festgesetzten Werte auch leben können. Ethik und Religion auf der einen Seite und Wissenschaft auf der anderen Seite ergänzen einander, ohne sich ersetzen zu können.

Wie brandgefährlich es wird, wenn aus wissenschaftlich festgestellten Zusammenhängen ohne eine Wertediskussion praktische Konsequenzen abgeleitet werden, zeigt folgendes Beispiel: Auf die Frage, was seine «gefährliche Idee» sei, meinte der bekannte, kürzlich verstorbene Verhaltensgenetiker David Lykken*, seine Enkelkinder würden erleben, dass Eltern eine Bescheinigung benötigen, um ihre Kinder erziehen zu können, so wie heutzutage jeder einen Führerschein braucht, der ein Fahrzeug steuern will. Er argumentierte, dass mit der Anzahl von Kindern, die vaterlos aufwachsen, auch die Kriminalität gestiegen sei. Etwa 70 Prozent der Gefängnisinsassen, der Schwangeren im Teenageralter und jener Jugendlichen, die von zu Hause ausreißen, wachsen in vaterlosen Familien auf. Kinder solcher Familien hätten keine Chance, ein Leben in Freiheit und Glück zu leben. Weil diese Tendenzen weiter zunähmen, werde der Staat gezwungen sein, Elternbescheinigungen einzuführen, was konkret hieße, dass eine Mutter ihr Kind nur dann behalten und selbst aufziehen dürfe, wenn sie 21 Jahre alt, verheiratet und finanziell abgesichert sei.

*Siehe http://www.edge.org/q2006/q06_2.html#top (abgerufen am 25. April 2008). Die Edge-Stiftung unterhält eine Webseite, www.edge.org, auf der jedes Jahr berühmte Persönlichkeiten des Geisteslebens zu grundlegenden Zeitfragen Stellung nehmen. Im Jahre 2006 lautete die Frage: «Was ist Ihre gefährliche Idee?» David Lykken war Professor für Psychologie der University of Minnesota.

Ich bin mit Lykken lediglich darin einig, dass dies eine gefährliche Idee ist. Denn er spielt mit statistischen Zahlen, die uns fälschlicherweise suggerieren, dass die Mehrzahl der Jugendlichen aus vaterlosen Familien auffällige Verhaltensprobleme aufweist. Selbst wenn es stimmen sollte, dass 70 Prozent der Problemjugendlichen – was Lykken mit Gefängnisinsassen, Schwangeren im Teenageralter und Ausreißern gleichsetzt – aus vaterlosen Familien kommen, so heißt dies nur, dass eine Mehrheit der Problemkinder aus vaterlosen Familien stammt, aber nicht, dass die Mehrheit der vaterlosen Kinder zu Problemkindern wird. Es gibt immer noch viele Jugendliche aus Problemfamilien, die trotz widriger Umstände zu unabhängigen und glücklichen Menschen heranwachsen. Selbst wenn Lykken recht hätte und eine große Mehrheit der Jugendlichen aus vaterlosen Familien verhaltensauffällig würde, widerspricht seine Haltung diametral jener freiheitlichen Ordnung, die Eingriffe des Staates in das Privatleben des Einzelnen unterbindet. Ich könnte mir kaum einen schlimmeren Eingriff des Staates vorstellen, als einer Mutter oder einem Vater das Kind wegzunehmen. In der neueren Geschichte hat man schlechte Erfahrungen damit gemacht. Wer einer Mutter das Kind entreißt, weil sie nicht alt genug oder unverheiratet ist, der öffnet der Willkür Tür und Tor: Was, wenn ein Kind nicht gut in der Schule ist? Oder nicht sportlich genug? Oder nicht gut genug Deutsch spricht? Ich kann solche Vorschläge nur vehement ablehnen.

Sicher sind Schwangerschaften von Teenagern und die sich daraus ergebenden Konsequenzen ein Problem für die Gesellschaft insgesamt. Wie aber lässt sich die Situation ohne Zwangsmaßnahmen verbessern? Wie kann man erreichen, dass Schwangerschaften im Teenageralter abnehmen, ohne die drastische Beschreibung Lykkens in die Tat umzusetzen? Einfache Lösungen gibt es hier nicht; sonst wäre das Problem wohl längst keines mehr. Gefragt ist Ursachenforschung. Wenn laut einem UNICEF-Report über 45 von 1000 jugendlichen Frauen im Alter von 15 bis 19 Jahren in den USA Kinder bekommen, in Japan, den Niederlanden und der Schweiz aber nur etwa fünf von 1000 Frauen desselben Alters, dann kann man sich fragen, woran dies liegt. Man mag sich auch fragen, weshalb es so viele Schwangerschaften im Jugendalter gibt: Sind die Jugendlichen zu wenig über Verhütungsmittel aufgeklärt? Gibt es eine Gruppennorm, möglichst früh sexuelle Erfahrungen zu sammeln, der die Jugendlichen nicht widerstehen können? Hat man solche Fragen beantwortet, kann man dazu übergehen, sich Maßnahmen zu überlegen, die die Anzahl der Schwangerschaften im Teenageralter vermindern würden. Mit sogenannten Interventionsstudien lässt sich überprüfen, ob bestimmte Maßnahmen, wie Aufklärung über Verhütungsmittel oder Diskussion von Gruppennormen, dazu beitragen können, solche Schwangerschaften zu unterbinden. Dies ist ein steiniger Weg. Er ist meines Erachtens aber besser geeignet, Probleme unter Berücksichtigung der Grundwerte zu lösen als die von Lykken beschriebene Hauruck-Methode. Wiederum sehen wir, dass Wissenschaft nicht geeignet ist, Werte und Tugenden festzusetzen. Aber wissenschaftliche Erkenntnisse aus der Psychologie helfen, Mittel und Wege zu finden, ohne auf gefährliche Ideen zurückgreifen zu müssen. Dies wird das Thema der nächsten Kapitel sein.

Warum wir das Gute nicht tun

Der 31-jährige Bankhändler Jérôme Kerviel war bei der französischen Bank Société Générale ein unauffälliger Angestellter, bis Anfang 2008 ruchbar wurde, dass er 4,9 Milliarden Euro verscherbelt und ein tiefes Loch in die Bilanz der Bank gerissen hatte. Auf raffinierte Weise hatte er das Sicherheitssystem der Bank umgangen; er muss also geahnt haben, dass seine Taten verboten waren. Kerviel hat sicher gewusst, dass sein Spiel ungut ist – und hat es trotzdem getan.

Im Kleinen sind wir alle schon Jérôme Kerviels gewesen: Wir wissen, dass wir uns den Mantel eigentlich nicht leisten können – und kaufen ihn trotzdem, auch wenn er ein tiefes Loch in die Haushaltskasse reißt. Wir wissen, dass wir nicht schreien sollten, wenn uns die Kinder ärgern – und schreien trotzdem, auch wenn wir uns nachher schämen. Wir wissen, dass wir ein Gerücht über den Seitensprung einer Kollegin nicht weitererzählen sollten – und können der Versuchung doch nicht widerstehen, auch wenn es uns peinlich ist, sollte die Kollegin davon erfahren. Noch heimtückischer wird es, wenn wir wissen, was wir tun müssten, aber es einfach sein lassen. Eigentlich wissen wir, dass wir die Bremsen unseres Autos kontrollieren lassen sollten – stattdessen gehen wir mit Freunden zum Schwimmen. Männer wissen, dass sie abends ihrer Frau in der Küche helfen sollten – und schon ruft die Tagesschau.

Es ist verblüffend, dass wir das Gute nicht einfach tun, wenn wir wissen, worin es besteht. Warum? Im Westen wird diese Frage oft damit beantwortet, dass das Böse in uns, also ein Teil unserer Persönlichkeit sei. Diese Annahme beruht auf zwei Irrtümern: die angebliche Macht der Persönlichkeit und die angebliche Macht des freien Willens. Wenn ein Medizinstudent beim Examen schummelt und wir uns fragen, weshalb er dies getan hat, dann kommen wir schnell zu dem Schluss, er sei generell unehrlich. Wenn er beim Examen betrügt – warum nicht auch beim Geld? Oder später in der Ehe? Wir sind rasch zur Hand mit allerhand Erklärungen, die dem Studenten eine schlechte Persönlichkeit unterstellen.

Einige asiatische Kulturen würden die Erklärung nicht so sehr in der Persönlichkeit suchen, sondern im Besonderen der Situation: Vielleicht war er krank und hatte keine Zeit zum Lernen? Möglicherweise hat seine Freundin sich von ihm getrennt, was ihn moralisch so aus der Bahn geworfen hat, dass er nicht lernen konnte? Oder es handelte sich um ein Examen in Physik, dessen Sinn der Medizinstudent nicht einsah, weshalb er sich entschied, zu schummeln, statt zu lernen? In diesem Fall geht man nicht einfach davon aus, dass es sich bei dem Betroffenen um eine unehrliche Person handelt, sondern dass ihn eine besondere Situation zu seinem Verhalten verführt hat. Die meisten Studenten, die bei einem Examen schummeln, tun dies nicht bei jedem Examen. Die Persönlichkeit eines Menschen spielt durchaus eine Rolle, wir müssen aber auch die Macht der Situation beachten. Es geht mir in diesem Buch nicht um gute und böse Menschen; die gibt es in reiner Form – wenn überhaupt – sehr selten. Es geht um gute und böse Taten im täglichen Leben, zu denen wir alle fähig sind, auch wenn wir keine bösen Menschen sind.

Der zweite Irrtum ist die Annahme, dass das Böse aus freiem Willen geschieht. Wer das Gute kennt, aber das Schlechte tut, obwohl er nach seinem freien Willen handelt, tut das Böse doch nur deshalb, weil er es tun will – so jedenfalls die häufige Schlussfolgerung. Paul Häberlin, ein heute kaum mehr bekannter Schweizer Pädagoge und Philosoph, meinte einmal, die Freiheit habe man nur zum Guten; hinter allem Bösen stecke ein Zwang. Ich will diese Behauptung nicht in ihrer ganzen Tragweite diskutieren, aber ein Körnchen Wahrheit scheint mir darin enthalten zu sein: Wenn wir das Gute kennen und nach unserem freien Willen handeln, dann müsste es uns doch gelingen, das Gute zu tun. Es gelingt uns aber oft nicht. Wir sind gefangen in Eigennutz und Unwissenheit, sind verstrickt in Widersprüche und paradoxe Gefühle. Dies macht das Böse nicht besser und enthebt uns nicht der Verantwortung für das Gute. Im Gegenteil: Wir müssen herausfinden, wie wir das Gute nicht nur tun wollen, sondern auch tun können. Dazu müssen wir zuerst ergründen, warum wir manchmal selbst dann schlecht handeln, wenn wir doch das Gute wollen.

Gewohnheit

Gewohnheit führt zu zwei Argumenten, um ja nichts ändern zu müssen: Das erste ist, man habe es immer so gemacht. Damit meint man die eingefahrenen Pfade, die man lieber nicht verlassen möchte. Das zweite ist, man habe es noch nie so gemacht. Hier meint man den neuen Weg, den man lieber nicht beschreiten möchte. Beides kommt auf das Gleiche heraus: Man scheut Änderungen und belässt alles beim Alten.

Natürlich können Änderungen schlecht sein: Wenn jeder Chef sich ein Denkmal setzen will, indem er die Abteilung reorganisiert, dann ist solche Überaktivität eher schädlich als nützlich; denn Änderungen sollte man nur vornehmen, wenn sie zu etwas nutze sind. Es ist durchaus etwas Gutes, wenn man sich auf Vertrautes stützen und seine Arbeit bequem erledigen kann. Bei einer Änderung sollte auch immer der Mensch, den diese betrifft, berücksichtigt werden: Ich denke hier an all die älteren Personen, die plötzlich vor Fahrscheinautomaten stehen und keine Ahnung haben, wie sie diese bedienen sollen; die teures Geld bezahlen müssen, um ihre Einzahlungen wie gewohnt am Schalter vornehmen zu können, weil für Bank und Post Bezahlungen über Internet und Telefon billiger sind. Ich habe schon Mühe, mir alle meine Passwörter zu merken; wie sehr wird da erst eine 83-jährige, sonst rüstige Witwe Mühe haben, dies zu tun; zumal wenn ihr geraten wird, ja keines der Passwörter irgendwo aufzuschreiben.

Die Gewohnheit alleine darf aber kein Argument sein, um Änderungen zu vermeiden; denn neue Situationen erfordern auch neue Mittel. In einem Flugzeug, das aus Hongkong startete, erlitt eine Frau einen lebensgefährlichen Lungenkollaps. An Bord waren zwei Ärzte, die Doktoren Wong und Wallace. Außer einem Skalpell und Gummischläuchen hatten sie keinerlei chirurgisches Werkzeug dabei. Hätten die beiden Ärzte sich gesagt, so haben wir es noch nie gemacht, wäre die Frau gestorben. Stattdessen verwendeten sie für den notwendigen chirurgischen Eingriff Gegenstände, die sonst eine andere Funktion haben, zum Beispiel einen Kleiderbügel, ein Messer, eine Gabel und eine Flasche Evian. Die Macht der Gewohnheit kann Leben kosten; sie zu überwinden kann Leben retten.

Angst und Scham

Angst ist ein sinnvolles Signal, das uns vor Gefahren warnt. Wir reagieren dann mit Angst, wenn wir gelernt haben, dass etwas gefährlich ist. Nun gibt es einige Wesen, wie hochgiftige Spinnen oder Schlangen, vor denen wir bereits beim ersten Mal Angst haben müssen; haben wir diese nicht, gibt es keine zweite Begegnung. Sind Tiere und Menschen nicht darauf programmiert, Angst zu haben vor Schlangen und Spinnen? Ganz so einfach scheint es aber nicht zu sein: Setzt man etwa jungen Schimpansen, die in Gefangenschaft aufgezogen wurden, eine Schlange vor, dann haben sie keine Angst. Schauen sie aber auf Video anderen Schimpansen dabei zu, wie diese mit Angst auf Schlangen reagieren, dann beginnen auch sie sich, vor Schlangen zu fürchten. Mit Blumen hingegen klappt dieser Versuch nicht: Schneidet man in dem betreffenden Video die Schlange heraus und setzt stattdessen eine bunte Blume ein, dann zeigen die Schimpansen nach dem Betrachten des Videos keine Angst, obwohl sie den genau gleichen Schimpansen mit dem gleichen Ausdruck von Angst gesehen haben. Es scheint so zu sein, dass Schimpansen nur vor Dingen Angst bekommen, die sich in der Stammesgeschichte als wirklich gefährlich erwiesen haben. Experimente haben auch gezeigt, dass sich bei Menschen die Furcht vor Schlangen oder vor Spinnen – wenn sie einmal erworben ist – schlechter löschen lässt als die Furcht vor freiliegenden Elektroleitungen. Gefährliche Tiere, die schon unseren Vorfahren vor Tausenden von Jahren den Schweiß in die Stirn trieben, lassen auch uns schwitzen, während moderne Gefahren, wie die genannten Elektrokabel, uns kaltlassen. So hat sich Angst zu einem sinnvollen Signal entwickelt, auf das wir achten sollten, wenn es auftaucht.

Angst kann aber auch lähmend wirken: Wenn ich mich nicht traue, jemandem etwas Positives zu sagen, weil ich dies peinlich finde. Wenn ich mich nicht mehr natürlich benehmen kann, weil ich glaube, dies könne so oder so ausgelegt werden. Oft spielt Scham mit hinein, die dazu führt, dass wir uns als Person abwerten. Wir werden im Abschnitt «Schuld ohne Scham» sehen, wie schädlich Scham ist – und wie wir sie umgehen können.

Macht Geld glücklich? Neuere Untersuchungen zeigen, dass Menschen wie Sie und ich, die mit ihrem Geld gut über die Runden kommen, aber sicher nicht reich sind, falsche Vorstellungen von Reichtum haben: Dass man etwa nicht mehr arbeiten müsse, sich viele Probleme einfach vom Hals schaffen und Golf spielen könne, sooft man will. Die Wirklichkeit sieht weniger rosig aus: Reiche arbeiten mindestens so viel wie Otto Normalverbraucher. Sie sind nicht glücklicher als unsereiner, weil sie sich schon längst an ihren Lebensstandard gewöhnt haben. Schließlich kann man sich auch als Reicher nach oben vergleichen, wenn man nicht gerade zu den Reichsten der Welt gehört. Sollen Personen hypothetisch darüber Auskunft geben, mit welcher Wahrscheinlichkeit sie ein Stellenangebot annehmen würden, dann urteilen sie auf Grund von Vergleichen und nicht nach dem absoluten Einkommen: Sagt man ihnen, sie würden pro Jahr 40 000 Euro verdienen und ihr Bürokollege nur 35 000, dann geben sie eher an, die Stelle annehmen zu wollen, als wenn Ihnen gesagt wird, sie würden wie ihr Bürokollege 41 000 Euro verdienen. Menschen träumen davon, reich zu werden – reicher als die anderen.

Das alles wäre nicht so schlimm, wenn es beim Träumen bleiben würde. Viele Menschen wollen aber ihren Traum vom Reichtum in die Tat umsetzen und arbeiten hart dafür – oft so hart, dass die Familie darunter leidet oder die Gesundheit. Wüssten diese Menschen, dass der hart erarbeitete Reichtum ihr Glück kaum erhöht, würden sie einsehen, dass der Preis viel zu hoch ist, den sie für ihr Emporkommen bezahlen. Sie würden wohl zu anderen Einschätzungen kommen, was das Gute sei, und nicht mehr nach Reichtum streben. Selbst die aus bescheidenen Verhältnissen reich gewordene Marilyn Monroe ist zu dem Schluss gekommen, dass eine Karriere zwar wundervoll sei, man sich aber an einem kalten Winterabend damit nicht wärmen könne.

Ähnlich dürfte es sich mit der Macht verhalten: Wir denken, dass Mächtige das Sagen haben und andere nach ihrer Pfeife tanzen lassen können, was man sich mitunter ganz angenehm vorstellt. Wie aber fühlen sich Mächtige wirklich? Die empirische Psychologie weiß wenig darüber, aber der Schweizer Historiker und Publizist Jean Rudolf von Salis führte sinngemäß folgenden Ausspruch Napoleons an: «Man glaubt immer, ich sei allmächtig, mein Wille gelte allein und ich könne machen, was ich will. Das stimmt nicht. Sie wissen ja gar nicht, wie sehr ich auf die Franzosen und ihre Stimmungen und Wünsche hören muss, damit ich als Alleinherrscher dieses Volk überhaupt regieren kann.» Der Historiker erwähnt, dass er durch seine Arbeit zur Einsicht gelangte, dass auch ein Diktator, wenn er klug ist, nah am Puls des Volkes sein muss. Der Weg zur Macht führt wiederum dazu, dass wir den Blick nicht auf das Gute richten – und also nicht das erreichen, was wir anstreben.

Drogen, Alkohol, Schlafmangel

Über die negativen Auswirkungen von Drogen und Alkohol will ich nicht viele Worte verlieren. Es ist allzu bekannt, dass Abhängigkeit zu einem Verlangen führt, in dem die Droge im Zentrum steht. Selbst wenn der Einzelne für sich weiß, was das Gute ist: Ist das Verlangen nur stark genug, werden alle guten Vorsätze über Bord geworfen, um an den Stoff zu kommen.

Es gibt Umgebungen, da ist man wer, wenn man beim Konsum von Alkohol und Drogen mithält. Einige finden saufen cool; möglicherweise finden sie es nicht mal cool, sondern können nicht anders. Wer an solchen Partys teilgenommen hat, kennt die Konsequenzen: niveauloses Geplapper, Übelkeit, Kopfschmerzen am Tag darauf, um nur die harmloseren Folgen aufzuzählen. Einzelne haben erlebt, dass man der Lehre oder dem Studium nicht mehr folgen kann, oder haben von Gewalt oder Unfällen gehört. Die meisten finden das nicht gut, trauen sich aber nicht, es offen auszusprechen; es wäre ihnen peinlich, zuzugeben, dass sie damit nichts anfangen können. Auf diese Weise entsteht der falsche Eindruck, die überwiegende Mehrheit befürworte diese Exzesse. Man hat dafür in der Fachsprache den Zungenbrecher «pluralistische Ignoranz» erfunden. Pluralistische Ignoranz meint, dass in einer Gruppe alle fälschlicherweise denken, die Mehrheit denke oder handle anders als sie. Auf den exzessiven Alkoholkonsum übertragen hieße das: Alle gehen davon aus, dass die anderen das Trinken cool finden, obwohl eine Mehrheit nicht dieser Meinung ist. Da sich aber alle scheuen, dies offen auszusprechen, nimmt die Sauferei ihren Lauf. Wir werden in diesem Buch der pluralistischen Ignoranz noch einige Male begegnen.

Tolle Partys bedeuten nicht nur Drogen und Alkohol; oft bedeuten sie auch Schlafmangel. Es gibt Leute, die wollen nichts verpassen, wollen studieren, für die Prüfungen lernen, Karriere machen und die dafür nötige Arbeit leisten, aber auch feiern und am prallen Leben teilhaben. Wer dann noch die coolsten Computerspiele ausprobieren will, hat kaum mehr Zeit zum Schlafen. Die erhobenen Zahlen sind jeweils etwas unterschiedlich, aber wohl über 30 Prozent aller Leute haben zu wenig Schlaf. Einige Personen schlafen nicht freiwillig zu wenig; sie haben Einschlaf- oder Durchschlafstörungen und brauchen medizinische Betreuung. Schlafmangel führt – wen wundert's – zu Müdigkeit während des Tages, Verminderung der Leistungsfähigkeit und einer saftigen Einbuße des Wohlbefindens. Ausgeschlafen sein oder nicht ist für mich wohl *der* entscheidende Faktor, ob ich meinen Kindern ein netter oder ein griesgrämiger Vater bin.

Wir haben ja alle viel zu tun; es gibt deshalb immer Gründe, spät ins Bett zu gehen. Es ist wichtig, sich einzuschränken, sich auf die wichtigen Dinge zu konzentrieren – und genug zu schlafen. Man hat herausgefunden, dass Spitzensportler nicht nur mehr trainieren, sondern auch mehr schlafen als Otto Normalsportler. Das gilt für Spitzenmusiker und Topwissenschaftler genauso; und wahrscheinlich für all jene, die aus ihrem normalen Alltag das Beste herausholen.

Im nächsten Abschnitt kommen wir zu drei weiteren üblichen Verdächtigen.

Egoismus, Sex und Fernsehen

Selbstverständlich ist Eigennutz ein häufiger Grund, weshalb wir das Gute nicht tun. Wir sehen die Dinge aus unserer eigenen Sicht und können nicht verstehen, dass andere dagegen sein können.

Tatsächlich ist jeder Mensch sich selbst so sehr der Nächste, dass es wohl realistisch ist, für den Aufbau einer funktionierenden Gesellschaft den Eigennutz vorauszusetzen. Religionen setzen sich diesem Egoismus entgegen und fordern von uns weniger Eigennutz. Sie appellieren an jeden einzelnen Gläubigen zu geben, statt zu nehmen. Sie versuchen darzulegen, dass materieller Verzicht zu einer Verheißung nach dem Tod oder zu mehr Sinn im Hier und Jetzt führt. Trotzdem gibt es nur wenige, die freiwillig auf materiellen Wohlstand verzichten.

Verdirbt uns dieser Wohlstand? Wahlfreiheit und das Streben nach dem eigenen Glück gehören zu den Grundpfeilern der heutigen Konsumgesellschaft. Allerdings zeigt neuere Forschung, dass die Wahl zur Qual werden kann: Haben wir zwei gleichwertige Alternativen vor uns, warten wir eher ab, als wenn wir keine Wahl haben. Der Psychologe Barry Schwartz hat die Forschung zum Thema Wahlfreiheit zusammengetragen und ist zu der Feststellung gelangt: Wir haben heute zu viel des Guten. Die Wahl wird zum Zwang – wir *müssen* wählen.

Zwang und Druck finden sich nicht nur bei der Wahl von Konsumgütern. Wir haben im letzten Kapitel die «gefährliche Idee» von David Lykken diskutiert, der unter anderem die Folgerungen aus Teenage-Schwangerschaften darlegte. Das Fernsehen zeigte vor einigen Jahren eine Dokumentation über Teenage-Mütter. Mehrere dieser jungen Mütter beklagten sich, dass der Druck enorm sei, sexuelle Erfahrungen vorweisen zu können; diesem Druck hätten sie nachgegeben und seien dann schwanger geworden. Statt sich in der Schule auf die Zukunft vorzubereiten, mussten sie dann Windeln wickeln.

Da wollen die Jugendlichen mehr Unabhängigkeit von ihren Eltern, was ja an sich gut ist. Statt aber die neu gewonnene Freiheit zu genießen, unterwerfen sie sich freiwillig neuen Zwängen. Diese gehen von Gleichaltrigen aus, die unkritisch das übernehmen, was gerade als «in» gilt. Was geschieht? Den Jugendlichen wird suggeriert, dass alle sexuell aktiv seien. Alle? Sie selbst, so stellen sie verzweifelt fest, eben nicht. Einige sprechen über ihre Freundinnen und Freunde, aber niemand über seine Scheu oder Angst; darüber, dass es für ihn oder sie schwierig ist, einen Freund oder eine Freundin zu finden; dass sie eine Person kennen lernen und lieb haben möchten, bevor sie mit ihr ins Bett gehen. So kommt die Meinung auf, sexuelle Aktivität sei nicht nur die Norm, sondern auch das Normale. Dies ist wieder ein schönes Beispiel für pluralistische Ignoranz, die wir im vorherigen Abschnitt kennen gelernt haben. Auf das Beispiel der Jugendsexualität übertragen hieße dies, dass alle glauben, die anderen hätten mehr sexuelle Erfahrungen als sie selbst. Hieraus entsteht dann der vermeintliche Zwang, solche Erfahrungen auf Teufel komm raus zu sammeln, um nicht hinter dem Mond zu bleiben. Es sind unter anderem solche Zwänge, die für das Problem der Schwangerschaften von Teenagern verantwortlich sein dürften.

Was kann man tun, um Jugendlichen ihre Freiheit zurückzugeben? Sicherlich ist es richtig, auf die Mechanismen der

Werbung und der Modeströmungen aufmerksam zu machen. Nur nützt dies wenig, solange die Jugendlichen denken, dass die anderen weit fortgeschrittener und cooler seien. Besseren Erfolg versprechen Diskussionen, in denen Jugendliche offen ihre Ängste und (fehlenden) Erfahrungen thematisieren. Solche Diskussionsgruppen wurden mit dem Erfolg durchgeführt, dass der Alkoholkonsum von Jugendlichen spürbar zurückging, wenn diese merkten, dass andere Alkohol genauso wenig cool fanden wie sie selbst. Aber vielleicht lässt sich über Alkohol leichter reden als über (keinen) Sex, so dass der Erfolg von Diskussionsgruppen zu Jugendsexualität zuerst untersucht werden müsste. Außerdem kann man als Eltern dafür sorgen, seine Kinder so wenig wie möglich diesen Modeströmungen auszusetzen und diese mit ihnen kritisch zu diskutieren. Zum Beispiel hat man als Familie die Möglichkeit, den Fernseher aus der guten Stube zu werfen. Wer glaubt, dies schaffe Probleme, irrt: Wir hatten nie einen Fernseher und hatten bisher kaum Probleme damit. Mit dem Fernsehen sind wir beim dritten Sündenbock angelangt.

Neuerdings gesellen sich zum Fernsehen Internet und Videospiele. Noch immer haben neue Unterhaltungsformen Kritiker auf den Plan gerufen, wie die Zeitschrift *The Economist* neulich zusammenfasste: Im Jahr 1816 wurden Walzer als eine «fatale Ansteckung» gebrandmarkt, die sexuelle Ausschweifung fördern würde. Im frühen 19. Jahrhundert glaubten Kritiker, dass Romane die Leserinnen und Leser in eine gefährliche Fantasiewelt befördern und damit den Geist verderben und die Moral vergiften würden. Im Jahre 1910 ging es dem Film als neuem Medium nicht besser. In den 1950er Jahren war die Reihe am Rock 'n' Roll; einige der damaligen Rock-'n'-Roll-Kritiker haben wohl ganz gerne mal einen Walzer getanzt und sich nichts Schlechtes dabei gedacht (siehe 1816).

Was ist wissenschaftlich erwiesen? Klar bewiesen ist, dass Kinder, die regelmäßig Gewalt im Fernsehen sehen, als Jugendliche aggressiver sind als Kinder, die keine oder wenig Gewalt sehen. Gewalt ansehen führt nicht Triebenergien ab, wie noch Sigmund Freud glaubte, sondern scheint zu eigener Gewalttätigkeit anzustacheln. Was heute Gewaltvideos sind, waren früher öffentliche Hinrichtungen, denen oft so viele Zuschauer beiwohnten wie heute einem Bundesligaspiel. Bei einer Hinrichtung in England mit 40 000 Zuschauern soll die aufgepeitschte Menge mehrere Dutzend Schaulustige zu Tode getrampelt haben.

Neben der Nachahmung von Gewalt wird dem Fernsehkonsum vor allem die ihm innewohnende Passivität vorgeworfen. Auch Romanlektüre ist passiv; in diesem Fall müssen wir uns aber die Figuren der Geschichte selbst vorstellen, die uns im Fernsehen vorgesetzt werden. Wer sich im Fernsehen eine Talkshow anschaut, der plaudert in dieser Zeit nicht selbst mit Freunden; wer sich die Sportschau reinzieht, kann nicht gleichzeitig draußen laufen gehen.

Wie sich solche Passivität langfristig auswirkt, ist schwierig zu sagen. Immerhin zeigt eine belgische Studie, dass über 95 Prozent der jugendlichen Fernsehzuschauer Snacks essen und Süßgetränke trinken. Pro Stunde Fernsehen werden 653 kJ Energie aufgenommen, so dass der belgische Durchschnittsjugendliche etwa 20 Prozent seines Tagesbedarfs an Energie vor dem Fernseher einnimmt. Allerdings zeigen andere Studien keine eindeutigen Zusammenhänge zwischen Fernsehen und Fettleibigkeit. Die Zusammenhänge sind derart komplex, dass sich wenig eindeutige Aussagen über die Konsequenzen von Passivität beim Fernsehen machen lassen. Immerhin habe ich keine Studie gefunden, die zeigt, dass Fernsehen schlank machen würde.

Nach den Wahlen im Januar 2008 im Bundesland Hessen sahen sich die Politiker der SPD vor einen Widerspruch gestellt: Vor den Wahlen versprachen sie hoch und heilig, nicht mit der Linken zusammenzuarbeiten, da diese aus Altkommunisten und Chaoten bestehe. Nach der Wahl sieht die Spitzenkandidatin der SPD, Andrea Ypsilanti, dass sie zusammen mit den Grünen eine Minderheitsregierung bilden könnte, die von der Linken geduldet würde. Es wäre für die SPD der beste Weg, eine akzentuiert linke Politik betreiben zu können. Da ist aber das lästige Versprechen, das man seinen Wählern gegeben hat. Es gibt oft Widersprüche zwischen zwei Werten, die man für gut hält – hier zwischen einem Versprechen, das man halten soll, und der Durchsetzung der Politik, die man für gut hält. Beides konnte Frau Ypsilanti nicht haben. Sie wollte nun ihre Politik durchsetzen und nahm dafür in Kauf, ihr Wahlversprechen zu brechen. Anders sah das die Darmstädter Abgeordnete Dagmar Metzger, die es vorzog, das Wahlversprechen zu halten, statt mit aller Macht an die Regierung zu kommen. Der Widerspruch wurde zu einer Zerreißprobe für die gesamte SPD.

Es gibt verschiedene Werte, die miteinander im Widerspruch stehen können: Soll ich einen Freund im Krankenhaus besuchen oder etwas früher nach Hause gehen, damit die Familie etwas von mir hat? Im Großen wie im Kleinen müssen wir manchmal zwischen mehreren guten Dingen wählen, die wir nicht gleichzeitig tun können.

Es ist wichtig zu erkennen, dass es im Alltag oft nicht *die* richtige Entscheidung gibt, sondern mehrere Möglichkeiten, was wir tun könnten. Wiederum haben wir die Qual der Wahl und müssten Prioritäten setzen. Die Forschung zeigt nun, dass Menschen, die zwischen mehreren gleichwertigen Möglichkeiten wählen können, zuwarten und sich nicht entscheiden. Auf das obige Beispiel übertragen hieße dies, dass ich weder meinen Freund im Spital besuche noch nach Hause gehe, sondern weiterarbeite. Oder: Die Entscheidung für ein Studienfach erweist sich als zähflüssig und qualvoll; wie immer ich mich entscheide, ich werde das Gefühl nicht los, es ist das Falsche. In einer Untersuchung stellte sich heraus, dass die Tendenz, im Falle der Qual der Wahl mit der Entscheidung abzuwarten, selbst auf Ärzte zutrifft, wenn sie zwei gleichwertige Medikamente zur Verfügung haben. Den Ärzten wurde die Beschreibung eines Patienten gegeben, der an Arthritis litt und bei dem die Standardmedikamente versagten, so dass man nach anderen Medikamenten Ausschau halten musste; der einen Gruppe wurde gesagt, dass ein gutes Medikament zur Verfügung stehe, verbunden mit der Frage, ob sie dieses verabreichen oder noch abwarten würden. Einer anderen Gruppe wurde mitgeteilt, dass zwei gleichwertige Medikamente gegen diese Krankheit zur Verfügung stünden. Tatsächlich gaben mehr Ärzte in dieser zweiten Gruppe an, abwarten zu wollen. Wer die Qual der Wahl hat, wartet erst mal ab. In einigen Fällen kann das Abwarten bedeuten, dass man das Gute nicht tut: Wartet ein Arzt zu lange, kann sich eine Krankheit weiterentwickeln und der Patient muss unnötig leiden.

Unwissenheit

Ich habe im Supermarkt jahrelang Papiertaschen genommen in der Annahme, diese seien ökologischer als Plastiktaschen. Bis mich eines Tages ein Umweltberater aufklärte, dass Plastiktaschen eine günstigere Ökobilanz aufwiesen als Papiertaschen; selbstverständlich wäre es noch ökologischer, jedes Mal einen Korb mitzunehmen. Damit wir das Gute tun können, benötigen wir Wissen.

Robin Dawes ist ein bekannter Psychologieprofessor, der sich dafür eingesetzt hat, dass Techniken der Psychotherapie wissenschaftlich ausgetestet werden. Er hat einmal gesagt, ein guter Wissenschaftler könne durchaus ein sensibler Mensch sein, ein lausiger Wissenschaftler richte aber unabsichtlich allerhand Schaden an. Ich bezweifle nicht, dass all die Astrologen, Graphologen, Bachblütentherapeuten und Kinesiologen an sich gute Menschen sind, die glauben, ihren Kunden einen guten Dienst zu erweisen. Was ihnen fehlt, ist das Wissen um die Unwirksamkeit ihrer Methode.

Nicht nur Profis brauchen Wissen, sondern auch wir in unserem Alltag, um mit anderen Menschen so umgehen zu können, wie wir dies möchten: Wer Kinder gut erziehen will, sollte ein Minimum über die Entwicklung von Kindern und Erziehung wissen; wer seine Großmutter, die an der Alzheimerkrankheit leidet, im Pflegeheim besucht, hat mehr Verständnis und besseren Umgang mit ihr, wenn er sich zuvor über die Krankheit und ihre Folgen für den Einzelnen informiert hat. Wer eine Alkoholikerin zur Ehefrau hat, sollte wissen, was dies bedeutet, welches die am meisten Erfolg versprechenden Therapien sind und mit welchen Mitteln er seine Ehefrau am ehesten zur Therapie bewegen kann. Zu all diesen Themen gibt es gute Literatur oder Beratungsstellen, die weiterhelfen können.

Unwissen kann dazu führen, dass wir Anzeichen falsch deuten, wenn wir Entscheidungen treffen. Ich habe einmal nach einem Flugzeugabsturz von einer Person gelesen, die ein Ticket für den Unglücksflug hatte und die Nacht davor träumte, das Flugzeug stürze ab, worauf sie auf den Flug verzichtete. Natürlich gönne ich dieser Person von Herzen, dass der Traum sie gerettet hat. Heißt dies aber, dass der Traum den Flugzeugabsturz vorhersagte? Nein. Denn man muss nicht nur jene Personen sehen, die von einem Flugzeugabsturz geträumt haben, der dann tatsächlich stattgefunden hat. Wir müssten auch jene mitzählen, die vor einem Flug von einem Absturz geträumt haben, der dann glücklicherweise nicht stattfand. Wer in einem solchen Fall auf den Flug verzichtet hat, wendet sich damit wohl kaum an eine Zeitung. Schließlich gibt es all jene – mich eingeschlossen –, die vor einem Flug von einem Absturz geträumt haben, trotzdem geflogen und heil nach Hause zurückgekehrt sind. Zum Glück sind Träume meistens nur Schäume.

So sehr wir Träume überbewerten, so sehr kann es uns passieren, dass wir richtige Anzeichen übersehen. So unterschätzen die meisten Leute die Wahrscheinlichkeit eines Unfalls, wenn man sich von einem betrunkenen Freund nach einer Party nach Hause fahren lässt. Hätte man die Nacht zuvor von einem schrecklichen Verkehrsunfall geträumt, würde man vielleicht nicht ins Auto steigen; sieht man seinen sonst verlässlichen Freund hingegen nur schwanken, dann braucht er einem lediglich zu versichern, dass er schon noch fahren könne, und schon steigt man bei ihm ein, statt ein Taxi zu bestellen.

Zeit- und Motivationsmangel

Nicht nur Mangel an Wissen hindert uns daran, das Bestmögliche zu tun, sondern auch Mangel an Zeit und Motivation. Wenn wir uns unbedingt einen MP3-Player kaufen wollen und zehn Minuten vor Ladenschluss das Geschäft betreten, dann haben wir nicht die Zeit, alle Vor- und Nachteile der einzelnen Geräte in Betracht zu ziehen. Dann lassen wir uns leicht vom Verkäufer zu einer Entscheidung drängen und ein Sonderangebot aufschwatzen. Genau deshalb muss bei uns ein Warnlicht angehen, wenn ein Verkäufer zu uns sagt, wir müssten uns jetzt entscheiden, nachher sei es zu spät. Dem Verkäufer kann es eigentlich egal sein, wem er seinen MP3-Player verkauft. Wenn dieser wirklich so begehrt ist, hat er keinen Grund, ihn uns aufzuschwatzen. Viel eher ist es so, dass uns der Verkäufer einen Ladenhüter andrehen will, indem er unseren Zeitmangel ausnutzt und uns mit Argumenten zu überzeugen versucht, die sich bei ruhigem Nachdenken als fadenscheinig herausstellen.

Oft sind wir schlicht zu faul, um nachzudenken. Soll ich den Schokoriegel, den ich in der Auslage sehe, kaufen? Ehe ich süße Vor- und gewichtige Nachteile gegeneinander abgewogen habe, liegt der Kalorienbomber in meinem Einkaufskorb. Er kostet wenig, und was ist schon ein Schokoriegel, auf die paar Gramm kommt es nicht an. Für unwichtige Entscheidungen und kleine Geldbeträge verschwenden wir nicht viel Zeit. Das ist eigentlich gut: Wir sollten unsere Zeit für die wichtigen Entscheidungen nutzen und nicht mit Kleinigkeiten vergeuden. Allerdings addieren sich auch Kleinbeträge zu größeren Summen oder die paar Gramm einzelner Schokoriegel zu Kilogrammen. Wir müssen also aufpassen: Kleine Unachtsamkeiten können mit der Zeit große Konsequenzen haben.

Zu wenig Motivation zum Nachdenken spielt auch im persönlichen Bereich eine Rolle. Im Spanischen gibt es das Sprichwort: Mit der Heirat tauscht die Frau die Aufmerksamkeit vieler Männer gegen die Unaufmerksamkeit eines Mannes. Ist die Frau im Hafen der Ehe angelangt, wie sich der Mann dies gewünscht hat, dann kann er getrost seinen Geschäften nachgehen und Freundschaften pflegen, weiterer Aufwand scheint nicht nötig. Das mag anfangs ganz gut gehen, aber mit der Zeit fühlt sich die Frau zurückgesetzt und vernachlässigt, und die Beziehung beginnt darunter zu leiden.

In den nächsten zwei Abschnitten wenden wir uns typischen Fehleinschätzungen zu, die uns daran hindern können, das Gute zu tun: Selbstüberschätzung und die Meinung, andere hätten die gleichen Ansichten wie wir.

Mittlerweile dürfte auch der letzte Autofahrer in der Zeitung gelesen haben, dass das Telefonieren mit dem Mobiltelefon die Aufmerksamkeit vom Führen des Fahrzeugs ablenkt und deshalb eine Gefahr für sich selbst und andere darstellt. Dennoch und sogar ungeachtet des entsprechenden Verbots hängen jede Menge Autofahrer während der Fahrt am Mobiltelefon. Warum tun sie das, obwohl wissenschaftlich gezeigt wurde, dass sie dadurch beim Autofahren abgelenkt werden? Unwissen kann es nicht sein, denn die Medien haben ausführlich über das Verbot und seine Gründe berichtet. Vielmehr dürfte es daran liegen, dass sich die Autofahrer selbst überschätzen: Sie glauben, gute Autofahrer zu sein, denen schon nichts passieren werde. Solche Fehleinschätzungen sind alltäglich: Man hat herausgefunden, dass sich Leute vor allem dann überschätzen, wenn die Tätigkeit leicht ist. Autofahren ist für viele Routine; so glauben sie, dass sie besser Auto fahren als die meisten anderen, obwohl dies nicht unbedingt stimmt. Ganz ähnliche Fehleinschätzungen finden sich im Geschäftsleben und im Beruf: Da es relativ einfach scheint, ein Restaurant oder einen Schnellimbiss zu führen, gibt es viele Leute, die glauben, dies besser tun zu können als andere; bald müssen sie feststellen, dass sie nicht mehr Gäste in ihr Lokal locken können als ihr Vorgänger, der aus den Einnahmen gerade mal die Stromrechnung bezahlen konnte. Am meisten überschätzen sich Professoren, wie wir im Abschnitt über *Tugend Nr. 4: Klugheit* sehen werden.

Es gibt in der Tat auch Situationen, in denen wir uns unterschätzen; nämlich dann, wenn eine Tätigkeit schwierig ist. Wir sehen nicht, dass auch andere damit ihre liebe Mühe haben und glauben deshalb, dass wir dies schlechter können. Zum Beispiel sind viele Personen durchaus in der Lage, Computer zu programmieren; da diese Tätigkeit aber mit oft zeitraubender Fehlersuche verbunden ist, glauben sie, darin schlechter zu sein als andere, weil sie nicht merken, dass andere genauso oft Fehler suchen müssen. Dies mag mit ein Grund dafür sein, dass zu wenige junge Menschen Informatik studieren.

«Ich kenne niemanden, der anderer Meinung ist»

Heute Morgen frage ich zwei Studentinnen, welches von zwei Lehrbüchern zur Hirnforschung ihnen besser gefalle, ein ausführliches mit anschaulichen Bildern oder ein kürzeres, das den Stoff relativ knapp zusammenfasst. Die Studenten dieses Kurses haben bislang beide Lehrbücher kennen gelernt, weil der eine Lehrer das dicke Lehrbuch verwendete, der andere das dünne. Da die beiden wegen eines Jahre zurückliegenden Streits nicht mehr miteinander redeten, mussten die Studenten beide Bücher anschaffen, was jedem von ihnen ungefähr 35 Euro Mehrkosten verursachte. Ich bin neu verantwortlich für den einen Teil des Kurses. Da es meiner Ansicht nach keinen Sinn macht, dass die Studenten beide Bücher kaufen, möchte ich in Erfahrung bringen, welchem sie den Vorzug geben.

Keine Frage, sagen die beiden bei mir im Büro sitzenden Studentinnen, das umfangreichere sei klarer und besser verständlich. Letztlich benötige man weniger Zeit, um dieses zu lesen als das wesentlich dünnere. Ich frage sie, ob sie wüssten, wie die Studenten allgemein über das Buch denken. «Klar doch», erwidert die eine, «ich kenne niemanden, der anderer Meinung ist.» Die andere nickt: «Alle denken, das dicke Buch ist besser.» Ich sage ihnen, dass ich vorhabe, unter ihren Mitstudenten darüber eine Umfrage per E-Mail zu machen. Sollte sich in der Tat herausstellen, dass die meisten das umfangreichere Buch bevorzugten, dann könnten wir dieses auch für meinen Teil des Kurses verwenden; darüber würde sich auch mein Kollege freuen, der das dicke Buch schon immer besser gefunden hat.

Also frage ich per E-Mail die Kursteilnehmer der letzten drei Semester, die beide Bücher kaufen mussten. Die ersten zwei Antwort-Mails sind für – das dünne Buch! Im Laufe des Nachmittags tröpfeln weitere E-Mails herein. Am Schluss des Tages will eine knappe Mehrheit das dünne Buch. Wie konnten sich die beiden Studentinnen nur so irren?

Die beiden Studentinnen haben nicht gelogen. Was hier passiert ist, hat wohl jeder schon erlebt. Da hat man eine klare Meinung – etwa zu einem Lehrbuch oder zum Verbot von Gewaltspielen. Man hat sich mit dem Thema beschäftigt, sich so seine Gedanken gemacht. Man hat sich gefragt, was für die eigene Meinung spricht – nicht aber, was dagegen spricht; denn die eigene Meinung liegt einem näher als die der anderen. Schon alleine deshalb, weil einem die eigenen Ansichten geläufiger sind, glaubt man, dass andere die gleiche Meinung haben *müssen*. Das ist aber noch nicht alles: Wir verkehren mit Leuten, die ähnliche Ansichten haben. Verkehren Sie in Wirtschaftskreisen, dann treffen Sie eher Leute, die Gewaltvideos erlauben wollen, mit Altersempfehlungen; erwachsene Menschen sollen frei entscheiden können und tun dürfen, was ihnen beliebt. Sind Sie Berufsschullehrer, dann dürften Ihre Kollegen dagegen sein, dass die Auszubildenden in der Schule in Konfliktlösung unterrichtet werden und danach in einem Ballerspiel die nächsten 120 Feinde killen. Neben Ihren eigenen Gedanken bestärkt Sie auch Ihr Bekannten- und Freundeskreis, den Sie zum Teil selbst ausgewählt haben, in der Annahme, dass die betreffenden Personen auf der gleichen Wellenlänge liegen wie sie selbst.

So dürfte es den beiden Studentinnen gegangen sein, die mir in bester Absicht darlegten, dass die allermeisten Studenten dem umfangreichen Lehrbuch den Vorzug gäben. Sie haben mit beiden Büchern gearbeitet und über Tage hinweg erlebt, dass sie selbst dieser Meinung waren. So konnten sie sich aus eigener Erfahrung nicht vorstellen, dass andere etwas anderes erlebten. Dazu kommt, dass beide wohl eher mit jenen Kursteilnehmern zusammen gelernt haben, die die gleiche Art von Lehrbüchern bevorzugen. Da kann es sich wirklich so verhalten haben, dass sie niemanden sagen hörten, das dünne Lehrbuch sei besser.

Fehleinschätzungen

Fehleinschätzungen entstehen auch dort, wo wir für die Zukunft planen. Wir unterschätzen chronisch Zeit und Geld, um ein Vorhaben zu vollenden. Das liegt daran, dass wir nur mit der Zeit rechnen, derer es bedarf, um eine Arbeit zu tun, aber nicht all die Ablenkungen berücksichtigen, die uns am Arbeiten hindern: Das Telefon schellt, wir wissen gerade nicht weiter, verirren uns zur Online-Ausgabe der *Welt am Sonntag* oder träumen vor uns hin, bis wir endlich wieder an die Arbeit gehen. Auch was das Geld anbelangt, kalkulieren wir nur mit bekannten Kosten, so bei den Ferien; da berücksichtigen wir etwa Anreise, Ferienwohnung, Ausflüge, Essen und Rückreise. Einmal vor Ort aber entdecken wir einen schönen, aber teuren Ausflug mit dem Schiff, ein wunderschönes Grotto mit erlesenen Speisen; schließlich stolpert man und reißt sich die schöne Hose auf, was den einzigen Kleiderladen in der Gegend mehr freut als den Geldbeutel.

Andere die Zukunft betreffende Einschätzungen sind deshalb falsch, weil wir diese in der Gegenwart nicht richtig einschätzen können. Da sind wir in Bali und vor dem großen Touristenstrom ins Landesinnere geflüchtet. Im Dorf, in dem es nur wenige Touristen gibt, treffen wir ein etwa gleichaltriges Ehepaar, das auch Deutsch spricht. Es stellt sich heraus, dass sie Grieshaber heißen und aus der gleichen Gegend wie wir kommen. Nur 25 Kilometer entfernt! Da sie uns sympathisch sind, beschließen wir, heute mit ihnen im Restaurant des Dorfes das ausgezeichnete Nasigoreng zu genießen. Es ist so angenehm, mit den Grieshabers zusammen zu sein, dass wir gemeinsam mit ihnen durch die terrassierten Reisfelder fahren und am Tag darauf einen erloschenen Vulkan besteigen. Dann trennen sich unsere Wege: Wir bleiben noch einige Tage in Bali, während die Grieshabers Verwandte in Australien besuchen. Da wir uns so gut verstanden haben, tauschen wir unsere Adressen aus: Es wäre doch so schön, die Grieshabers daheim wiederzusehen!

Einige Wochen später sind wir wieder zu Hause. Zwar denken wir hie und da an die Grieshabers, können uns aber doch nicht überwinden, sie anzurufen, obwohl wir ihnen das versprochen haben. Warum? In Bali haben wir die Grieshabers mit den anderen Touristen und Einheimischen verglichen; da waren sie weitaus das Beste, was uns passieren konnte. Außerdem erschienen uns 25 Kilometer Entfernung von zu Hause ein Nichts, nachdem wir um die halbe Welt gereist waren. Nach Hause zurückgekehrt, treffen wir unsere anderen Freunde, die doch interessanter sind als die Grieshabers. Außerdem müssen wir nicht unendliche 25 Kilometer fahren, um sie zu sehen. Zu Hause fallen die Grieshabers im Vergleich mit unseren Freunden weit ab: Wir haben bessere Freunde gleich um die Ecke. Hätten wir das in Bali schon so gesehen, dann hätten wir beim Gedanken an Bali nicht ein so schales Gefühl, weil wir die Grieshabers nie angerufen haben.

Wenn unser Ärger den Falschen trifft

Das eine Kind geht mir mit seinem ständigen Herummaulen auf den Keks. Ich versuche, trotz meines aufkommenden Ärgers nett zu bleiben, und schaffe dies recht gut. Draußen gespielt wird erst, wenn das Zimmer aufgeräumt ist. Beim Weggehen muss ich mir ein paar unschöne Kommentare anhören, auf die ich nicht weiter reagiere, obwohl ich jetzt stinksauer bin. Im Wohnzimmer fragt mich Anne-Sophie, meine jüngste Tochter, ob sie mit mir ein Bilderbuch anschauen darf. Ich grummle ein ärgerliches «Jetzt nicht» und gehe in die Küche, wo ich mich hinter der Zeitung verstecke und bitteschön von niemandem gestört werden will.

Nachher wurmt es mich: Hätte ich doch lieber jenem Kind meinen Ärger offen gezeigt, das mich gereizt hat, statt ihn bei meiner unbeteiligten Jüngsten abzuladen. Wir alle kennen Situationen, in denen uns einer nervt, wir aber den Ärger bei jemand anderem loswerden, der gar nichts dafür kann. Was uns aus dem Alltag bekannt ist, konnte die psychologische Forschung auch aufzeigen: Dass sich emotionale Erregung nicht auf die Person oder Situation beschränkt, der sie gilt.

Ärger kann den Falschen auch auf andere Weise treffen. Ich zum Beispiel habe mich immer wieder darüber geärgert, dass ich einem meiner Kinder sagte: «Bitte, komm essen» oder «Bitte, geh rauf, dich umziehen, es ist Zeit zum Schlafen» und die Antwort erhielt: «Warte einen Moment» oder «nicht gerade jetzt». Die Kinder spielten gerade und wollten lediglich ein paar Legosteine – angeblich die letzten – auf ihren Turm setzen oder das Computerspiel – «es geht nur noch eine Minute» – zu Ende spielen. Natürlich dauerte dann alles viel länger; und natürlich ist das ärgerlich. Eines Tages aber dämmerte mir: Wenn meine Frau mich fragt, ob ich Holz für den Ofen holen könne, lege ich mein Buch auch nicht gleich zur Seite und laufe los, um Holz herbeizuschaffen. «Warte einen Moment» und «nur noch diese Seite» war eine meine üblichen Antworten. Oder wenn Eric mich gefragt hat, ob ich mit ihm Uno spielen wolle, dann hatte ich keine Zeit – «ich muss noch eine E-Mail schreiben». Auch hier traf mein Ärger den Falschen: Die Kinder hatten die Verzögerungstaktiken von mir gelernt.

In einer Studie wurden zwei Gruppen von Studenten getestet. Die eine kam aus Cambridge, die andere aus Edinburgh. Beide Gruppen erhielten nun die gleiche Aufgabe: Eine Stadt in Großbritannien wurde ihnen als Punkt vorgegeben und eine andere Stadt genannt. Für Letztere sollten sie nun ebenfalls einen Punkt setzen und die beiden Punkte durch eine Linie verbinden, unter der Vorgabe, dass Himmelsrichtung und Entfernung von der ersten Stadt im verkleinerten Maßstab stimmten. Danach wurde eine weitere Stadt genannt, für die sie den nächsten Punkt setzen sollten, und so weiter, quer durch Großbritannien. Natürlich löst man eine solche Aufgabe nicht perfekt, so dass eine geographisch richtige Karte entstehen würde (siehe S. 48, links im Bild). Die Studenten aus den beiden Städten lagen aber nicht nur ein wenig, sondern systematisch daneben, wie die jeweilige Abbildung zeigt: Für die Studenten aus Cambridge schien Schottland eine Art Wurmfortsatz im Norden Englands zu sein (Zeichnung in der Mitte). Umso grandioser stellten sich die Studenten von Edinburgh Schottland im Vergleich zum Süden Englands vor (rechts).* Die Erinnerung daran, wie die Landkarte Großbritanniens aussieht, war wesentlich mitbestimmt von der eigenen Herkunft: Die Größe von Gegenden in der Nähe wurde überschätzt, die von Gegenden in der Ferne zum Teil krass unterschätzt.

Ich denke, das passiert uns allen, nicht nur im Bereich der Geographie: Welcher Lehrer hält nicht sein Fachgebiet für das wichtigste! Ein Historiker verfügt über reiches Wissen im Bereich Geschichte und kennt allerlei Begebenheiten, aus denen wir für das Leben lernen können. Nur sehr unzureichend kennt

---

* Die Grafiken wurden mit freundlicher Genehmigung entnommen aus: A. D. Baddeley (1999): Essentials of Human Memory, Hove, UK: Psychology Press.

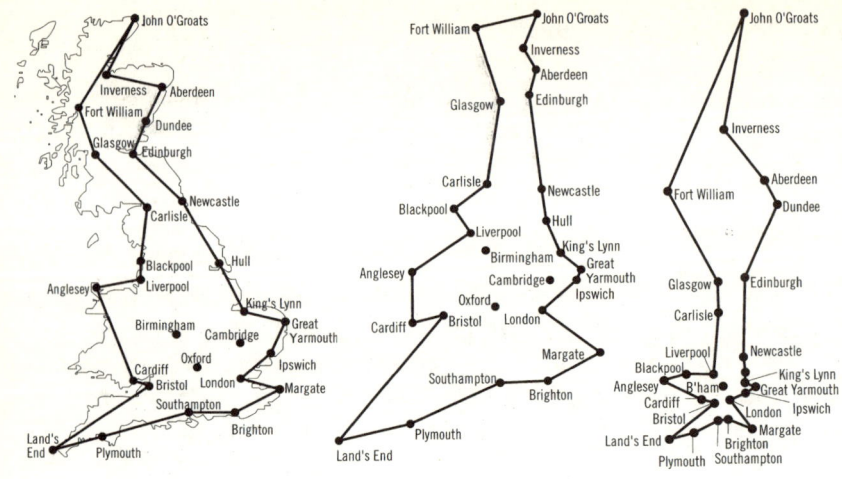

er sich hingegen in der Psychologie und deren Untersuchungen aus, aus denen wir für unseren Alltag schöpfen können. Also hält er Geschichte für enorm wichtig, um sein Leben als verantwortungsbewusster Bürger zu führen. Der Psychologin hingegen sind viele spannende und nutzbringende psychologische Erkenntnisse vertraut, nicht aber die historischen Hintergründe, da sie sich für Kaiser, Könige, Heerführer, Reformatoren und Revolutionäre nie recht erwärmen konnte. Deshalb überschätzt sie – wie ich selbst wahrscheinlich auch – die Wichtigkeit der Psychologie im Verhältnis zur Geschichtswissenschaft.

Im Abschnitt *Nachher weiß man alles besser* werden wir den gefärbten Blick zurück in die Vergangenheit kennen lernen. Dabei handelt es sich um Täuschungen der Erinnerung. Dann sehen wir auch, inwiefern sich solche Fehleinschätzungen vermeiden lassen.

Wir haben in diesem Kapitel gesehen, warum Leute das Gute nicht tun – von der Gewohnheit bis zum gefärbten Blick. In den folgenden Kapiteln werden wir sehen, was uns die Psychologie anbietet, damit wir es besser machen können. Sie basieren auf einer Dreiteilung, die in der Religion sehr alt ist und sich bis zu den Anhängern Zarathustras zurückverfolgen lässt: die guten Gedanken, die guten Worte und die guten Taten. Auch Katholiken und Lutheraner bekennen, dass sie in Gedanken, Worten und Taten gesündigt hätten. Wir werden nun beschreiben, wie uns die wissenschaftliche Psychologie zu besseren Gedanken, besseren Worten und besseren Taten verhelfen kann. Eingestreut sind Abschnitte über sieben Tugenden: über die vier Kardinaltugenden Klugheit, Tapferkeit, Gerechtigkeit und Mäßigung sowie, zu Beginn, über die drei Grundtugenden Glaube, Hoffnung und Liebe.

Die guten Gedanken

In diesem Kapitel geht es um die guten Gedanken. In den ersten Abschnitten gehe ich der Frage nach, was die Psychologie zu den christlichen Grundtugenden Glaube, Hoffnung und Liebe erforscht hat. Die Psychologie auf ihrem heutigen Stand kann eher Auskunft darüber geben, was Aberglauben ausmacht, als was denn wirklicher Glaube sei. Danach werden wir sehen, wie wir unseren Gedanken eine Richtung geben können, die unser Handeln beeinflusst. Die Psychologie spricht hier von «Framing», vom «Einrahmen». Es macht einen Unterschied, ob wir unsere Gedanken in einen Rahmen der Liebe statt des Hasses und der Rache stellen oder in einen Rahmen der Hoffnung statt der Verzweiflung. Anhand der Liebe werde ich diskutieren, inwiefern Denken und Handeln überhaupt zusammenhängen. Denn was nützen uns die liebsten Gedanken, wenn wir nicht danach handeln.

Tugend Nummer 1: Glaube

Es gibt wenig Forschung zum Glauben, die eindeutige Resultate erbracht hätte. Sind gläubige Menschen glücklicher oder gesünder? Die wahrscheinlichste Antwort ist: ein bisschen. Man darf aber nicht vergessen, dass Glaube nicht an seinen Auswirkungen auf Glück und Gesundheit gemessen werden darf. Die Versprechungen des Glaubens sind nicht von dieser Welt und lassen sich deshalb nicht mit wissenschaftlichen Mitteln erforschen.

Wenn wir schon nicht eine positive Antwort geben können, was Glaube ist, so können wir vielleicht eine Antwort darauf geben, was denn Glaube von Aberglauben trennt. Der amerikanische Verhaltensforscher B. F. Skinner hat gezeigt, dass sich selbst bei Tauben «abergläubisches» Verhalten ausbildet. Er gab hungrigen Tauben ab und zu Futter und ließ sie von seinen Assistenten beobachten. In der Tat entwickelten die verschiedenen Tauben einige sonderbare Verhaltensweisen: Die eine Taube drehte sich gegen den Uhrzeigersinn im Käfig, eine andere reckte ihren Kopf in die oberen Ecken des Käfigs, eine dritte hüpfte hin und her. Diese besonderen Verhaltensweisen waren erst zu beobachten, wenn die Tauben erwarteten, nächstens gefüttert zu werden. Sie schienen davon auszugehen, dass ein bestimmtes Verhalten, hier Drehen, Recken, Hüpfen, belohnt werde, und deshalb wiederholten sie dieses Verhalten. Skinner nahm an, dass sich auf die gleiche Weise auch das ausbildet, was man beim Menschen abergläubisches Verhalten nennt.

Beim Militärdienst kannte ich einen Bauern, der sich jede Nacht einen Spiegel unter das Bett legte. Seine Großmutter habe gesagt, dies sei gut, weil es die schädliche Strahlung ablenken und damit Krankheiten abhalten würde. Wie kann sich ein solcher Aberglaube entwickeln? Die Großmutter hat Rückenschmerzen und will etwas dagegen tun. Da erklärt ihr ein Naturheiler aus dem Nachbardorf, dies komme von den Strahlen der Wasseradern, die durch das Haus gehen. Dem könne man Abhilfe schaffen, indem man einen Spiegel unter das Bett lege. Das werfe die Strahlen zurück und verhindere, dass diese während des Schlafens auf den Rücken treffen und rheumatische Schmerzen erzeugen. Klingt ganz plausibel, wenn man von Medizin keine große Ahnung hat. Vielleicht beachtet die Frau den Rat des Heilers anfangs nicht weiter, aber als sie einmal sehr starke Schmerzen im Rücken hat, erinnert sie sich an seine Worte und legt einen Spiegel unter das Bett. Und tat-

sächlich: Am nächsten Morgen hat sie weniger Rückenschmerzen. Der Schmerz wäre auch so abgeklungen, aber die
Frau hat erlebt, dass sich der Schmerz vermindert hat, nachdem
sie den Spiegel unter das Bett gelegt hatte. Sie wiederholt den
Vorgang nun auch in der Nacht darauf, schläft ein und wacht
auf – ohne Rückenschmerzen. Der Spiegel unter dem Bett! Da
sie den Spiegel nun täglich unter das Bett schiebt und an dessen
Wirkung glaubt, nimmt der Rückenschmerz ab – aber nicht
etwa, weil der Spiegel irgendwelche Strahlung von Wasseradern
abhalten würde.

Man weiß, dass schon der Glaube an die Wirkung einer Behandlung oder eines Medikaments zu einem Gefühl der Besse-
rung führen kann. Dies nennt man Placeboeffekt. Außerdem
verzichtet die Großmutter nicht unbedingt auf andere Maßnahmen, die den Rückenschmerz lindern helfen: eine bessere
Körperhaltung, etwas weniger schwere Arbeit, ein härteres
Kissen, das das Genick besser stützt. So weiß sie nicht, worauf ihr besseres Wohlbefinden zurückzuführen ist. Wer eine
Handlung begeht im Glauben, damit etwas zu bewirken, obwohl es diese Wirkung nicht gibt, handelt abergläubisch. Lassen Sie mich anfügen, dass der Aberglaube mit dem Spiegel
harmlos ist: Nützt er nichts, so schadet er auch nicht. Mit dem
Aberglauben lassen sich aber gute Geschäfte machen; er nützt
dann nichts, erleichtert aber den Geldbeutel des Betroffenen.
Noch schlimmer wird es, wenn nutzlose Kuren mit gefähr-
lichen Nebenwirkungen angeboten werden.

Wo liegt die Grenze zwischen Glauben und Aberglauben?
Von einem Bauern, der einen Spiegel unter das Bett legt, um
seine Rückenschmerzen zu bekämpfen, sagen wir, er sei abergläubisch. Von einem Bauern, der zu Gott betet und ihn bittet,
seine Rückenschmerzen zu lindern, sagen wir, er sei gläubig.
Ist das nicht ebenso abergläubisch wie im Fall des wunder-
samen Spiegels? Wenn der Bauer glaubt, Gott mit seinem
Gebet beeinflussen oder gar zwingen zu können, ihm den Rü-

ckenschmerz zu nehmen, dann ist dies nach den obigen Ausführungen Aberglaube. Selbstverständlich darf der Bauer beten und hoffen, dass seine Rückenschmerzen vorbeigehen; das allein ist kein Aberglaube. Allerdings gehört zum Glauben auch die Einsicht, dass man mit dem Gebet nicht eine direkte Wirkung erzielt wie mit einer Schmerztablette und das Schicksal auf diese Weise nicht direkt beeinflussen kann. Im Glauben mag Hoffnung liegen, nicht aber Berechnung.

Tugend Nummer 2: Hoffnung

Wer kennt nicht das Gefühl, das man hat, wenn ein Kind krank wird und man inständig bittet, dass es wieder gesund wird? Oder wenn man vor einem wichtigen Vorstellungsgespräch sich wünscht, dass alles gut gehen wird? Oder wenn das Flugzeug beim Landeanflug vom Sturm durchgeschüttelt wird, so dass man sich nach festem Boden unter den Füßen sehnt? Dieses Gefühl ist Hoffnung.

Gefühle haben verschiedene Kennzeichen: Erstens können sie positiv oder negativ sein. Die Psychologie hat sich lange Zeit auf die Behandlung negativer Gefühle wie Furcht oder Scham konzentriert. Erst in neuerer Zeit werden positive Gefühle erforscht: Freude, Dankbarkeit, Hoffnung. Letztere wird durch Situationen ausgelöst, deren Ausgang unsicher ist. Dies kann eine Situation sein, in der wir ein Ziel unbedingt erreichen wollen, zum Beispiel den Traumjob oder den Traumpartner zu bekommen. Wenn wir das Ziel erreicht haben, dann erleben wir Freude. Wir können aber auch hoffen, eine unangenehme Sache umgehen zu können. Hat zum Beispiel ein Kollege oder eine Kollegin ausgerechnet Sie als Traumpartner auserkoren, ohne dass diese Liebe auf Ihre Gegenliebe stößt, dann hoffen Sie, dass die betreffende Person dies merkt und Sie nicht weiter behelligt. Wenn Sie dann hören, dass die Person einen anderen

Schwarm gefunden hat, dann sind Sie erleichtert (und vielleicht ein bisschen traurig).

Der inzwischen verstorbene Psychologieprofessor Rick Snyder von der University of Kansas hatte sich der Erforschung der Hoffnung verschrieben. Er und seine Kollegen konnten zeigen, dass Hoffnung viele positive Wirkungen hat: Sind zwei Athleten gleich gut, gewinnt eher jener, der mehr Hoffnung hat. Wer mehr hofft, schneidet besser in Prüfungen ab. Menschen, die hoffen, sind sozial kompetent, weniger einsam und können eher die Perspektive anderer einnehmen. Sie haben bessere Aussichten, wenn sie in eine Psychotherapie gehen und sehen mehr Sinn im Leben. Insgesamt gesehen ist Hoffnung sehr positiv!

Allerdings gibt es auch die Ausnahme, die die Regel bestätigt. Hoffnung hat dann nicht nur positive Konsequenzen, wenn es darum geht, sich in das Unabänderliche zu schicken, wie ein Forschungsteam um den Arzt Peter Ubel von der University of Michigan zeigte. Unter einer lebenslangen Freiheitsstrafe versteht man in vielen Ländern einen Freiheitsentzug auf unbestimmte Zeit – in Deutschland sind das mindestens 15 Jahre. Danach kann der Strafrest zur Bewährung ausgesetzt werden. «Lebenslänglich» berechtigt in diesem Fall durchaus zur Hoffnung, nach einer gewissen Zeit wieder aus dem Gefängnis entlassen zu werden. In anderen Ländern hingegen, wie den USA, ist es möglich, dass lebenslänglich wirklich lebenslänglich bedeutet, ohne Aussicht auf Freilassung. Es zeigte sich nun, dass Gefangene, die auf eine spätere Freilassung hoffen konnten, sich schlechter ins Gefängnisleben einfügten als Gefangene, die diese Hoffnung nicht hatten: Wenn ich schon bleiben muss, mache ich wenigstens das Beste daraus und passe mich an. Das gilt nicht nur für Gefangene; Ähnliches gilt auch für Personen mit einem künstlichen Darmausgang mit oder ohne Aussicht, diesen eines Tages entfernen zu können. In einer anderen Untersuchung der gleichen Forscher zeige sich, dass ein künstlicher Darmausgang praktisch allen Personen sehr unangenehm war und sie diesen am liebsten wieder entfernt hätten. Nun gibt es Personen, die den künstlichen Darmausgang für immer haben müssen, ohne hoffen zu können, dass dieser je entfernt wird, während andere ihn lediglich für eine Übergangszeit brauchen. Wiederum zeigte sich, dass Personen, die Hoffnung auf eine Rückkehr zum gewünschten Zustand haben konnten, sich schlechter an den Alltag mit einem künstlichen Darmausgang anpassten als Personen ohne diese Hoffnung; Letztere versuchten, das Beste aus ihrer Situation zu machen.

Es wäre interessant, einmal zu untersuchen, ob Personen, die sich durch ein Ehegelübde lebenslang an den Partner gebunden fühlen, sich besser an den Alltag zu zweit anpassen und in einer Beziehung glücklicher sind als jene, die in der Kategorie «Lebensabschnittspartner» denken und in einer schlechten Zeit ihre Hoffnung auf ein mögliches Ende der Beziehung setzen. Vielleicht liegt hier ein Schlüssel zum Glück einer festen Bindung!

Tugend Nummer 3: Liebe

Der heilige Augustinus hat einmal gesagt: «Liebe und tu, was du willst!» Wer also eine Haltung der Liebe einnimmt, wie sie Gott gegenüber seiner Schöpfung hegt, kann nach Augustinus nichts falsch machen. Wenn wir nur die Liebe haben, dann können wir tun, was wir wollen, und wir tun immer das Richtige. Diese Aussage von Augustinus verlangt, dass wir das Gefühl der Liebe in Taten der Liebe übergehen lassen.

Was hingegen nicht geht, ist einfach Denken oder Fühlen, und schon handelt man danach. Wer sich in einer liebenden Haltung den Menschen und Dingen nähern will, kann dies ebenso wenig von jetzt auf gleich tun, wie ein schwerer Raucher einfach sagen kann, morgen höre ich auf, und schon klappt es. Die Forschung zeigt, dass Haltungen dann in die Tat umgesetzt werden, wenn sie bewusst gemacht werden, fest verankert sind und lange Zeit überdauern.

Wie also kann ich meine Absicht, den Menschen liebevoll zu begegnen, verwirklichen? Religiöse Menschen sehen sich als Geschöpfe Gottes, die von ihm unbedingt geliebt werden; dies gibt ihnen die Kraft, ihrerseits mit den Mitmenschen liebevoll umzugehen. Es geht hier um eine Einstellung zur Welt: Wer in dieser Welt keinen Sinn sieht und sich hienieden fehl am Platz fühlt, kann wohl kaum eine positive Haltung anderen gegenüber zeigen. Wie man in William James' Klassiker «Die Vielfalt religiöser Erfahrung» nachlesen kann, scheint es begnadete Menschen zu geben, die sich in dieser Welt gut aufgehoben fühlen, ohne dass sie bewusst auf eine solche Haltung hinarbeiten müssten. Andere müssen sich eine solche Haltung aneignen und durch Wiederholung festigen. Verfestigte Haltungen sagen das Handeln besser vorher als eine einmalige Einsicht. Nicht umsonst mahnen Priester und Meditationslehrer zur steten Übung. Es geht darum, jene Handlungen, die positiven Gedanken entspringen, zum dominanten Verhalten zu machen. Will heißen: Auch wenn die Sonne mal nicht scheint und ich mich ärgere, bewahre ich Ruhe und bin nett – zumindest zu jenen, die nichts für meinen Ärger können. Ich muss am Ball bleiben und jedes Mal, wenn der Ärger in mir hochsteigt, daran denken, dass ich eine Pause einlege und den Ärger nicht eins zu eins weitergebe. Mit der Zeit wird dies dann zum dominanten Verhalten: Wenn ich mich ärgere, halte ich mich zurück, ohne dass ich mir in dieser Hinsicht Mühe geben muss. So treffe ich nicht den Falschen. Sehe ich, dass mein Ärger gerechtfertigt ist, kann ich dies immer noch zum Ausdruck bringen. Auch hier gilt, dass Übung den Meister macht; ansonsten bleibt meine liebenswürdige Absicht eine Eintagsfliege.

Der 15-jährige Konrad hat eine Mathematikprüfung vermasselt und fragt sich, warum. Darauf gibt es mehrere Möglichkeiten zu antworten. Zum Beispiel kann er sich sagen, dass die Aufgaben viel zu schwierig gewesen seien und der Lehrer sowieso gemein. Er kann auch denken, dass er eben Pech gehabt habe. In beiden Fällen führt Konrad sein Versagen auf Faktoren zurück, die nicht bei ihm liegen: die schwierigen Aufgaben und Pech, da kann er nichts dafür! Er kann seine schlechte Leistung aber auch auf Faktoren zurückführen, die in ihm selbst liegen: «Ich habe nun mal kein Rechnerhirn; mir fehlt schlicht die Begabung für dieses Fach.» Oder: «Was wunder, wenn ich die ganze Woche abends mit Freunden rumhänge und nichts für Mathe tue, dass die Prüfung in die Hose geht. Streng dich mal an!» Eine Zusammenstellung der Gründe finden Sie in der untenstehenden Tabelle.

Vier verschiedene Arten von Ursachen für eine Leistung

	«Ort» der Ursache	
Stabilität	**Innerhalb der Person**	**Außerhalb der Person**
Stabil	Begabung	Schwierigkeit der Aufgabe
Instabil	Anstrengung	Glück oder Pech

Neben Gründen, die außerhalb Konrads liegen – Schwierigkeit der Prüfung und Pech –, und Gründen, die in ihm selbst liegen, lassen sich, wie in der Tabelle aufgeführt, stabile und instabile Gründe unterscheiden: Ein gemeiner Lehrer, der schwierige Aufgaben stellt, ist auch nächstes Mal gemein und stellt schwierige Aufgaben – wenigstens aus der Sicht des Schülers. Ebenso ist die Begabung über die Zeit stabil: Man ist nicht heute unbegabt und morgen ein Mathegenie. Der Grad der Begabung bleibt sich in etwa gleich. Anders bei Anstrengung und Pech: Wer zu viel herumhängt und sich zu wenig anstrengt, kann dies verbessern; wer diesmal Pech gehabt hat, kann nächstes Mal Glück haben.

Welche Ursache Konrad für sein Versagen annimmt, bestimmt, wie er an die nächste Matheprüfung herangeht. Glaubt er, dass es um einen stabilen Faktor geht, dann wird er nichts tun: Was lässt sich gegen schwierige Prüfungen schon machen? Glaubt er an einen Mangel an Begabung, wird er sich vielleicht schämen, aber er kann ja eh nichts dagegen tun; also lässt er es gleich sein. Ganz nach dem Motto: einmal dumm, immer dumm. Er wird ebenfalls wenig tun, wenn er glaubt, seine schlechte Leistung sei Pech gewesen; vielleicht hat er ja nächstes Mal Glück! Nur wenn er glaubt, sich zu wenig angestrengt zu haben, wird er sich nächstes Mal hinsetzen und lernen. Denn das Maß der Anstrengung kann Konrad ändern, während er den Grad der Schwierigkeit der Prüfung, einen Mangel an Begabung oder Pech in Kauf nehmen muss.

Es ist deshalb wichtig, dass Schüler ihre Leistung auf ihre Anstrengung zurückführen. Das gilt nicht nur bei schlechten Leistungen: Wenn Konrad eine tolle Englischprüfung hinlegt, weil er die Vokabeln und Grammatikregeln gelernt hat, dann ist er stolz auf seine Leistung. Denn er weiß, dass die Sprache ihm leicht fällt *und* er sich gut auf die Prüfung vorbereitet hat; er wird erneut mit Freude lernen, um bei der nächsten Englischprüfung wieder gut zu sein. Denkt er, die gute Englischprüfung sei nur Glück, dann freut er sich vielleicht, dass er ein Glückspilz ist; dies wird ihn aber nicht zum Lernen anspornen. Ebenso bei einer leichten Prüfung: Weshalb lernen, wenn es sowieso easy ist?

Das soll aber nicht heißen, dass man einem Anstrengungskult huldigt und darüber vergisst, was das Kind gut und gerne macht; ich finde, wenn immer möglich, sollte es seine Stärken zeigen dürfen. Man muss auch aufpassen, wenn ein Kind trotz aller Anstrengung schlechte Leistungen erbringt. Es bringt ein Kind auf die Dauer zur Verzweiflung, wenn man nach jeder schlechten Leistung betont, es solle sich mehr anstrengen, obwohl es doch schon ganz ordentlich gelernt hat. Ich selbst habe mich im Gymnasium in Mathematik ganz ordentlich angestrengt und es trotzdem nicht auf einen grünen Zweig gebracht. Warum? Weil ich Formeln auswendig gelernt habe, statt die Prinzipien zu verstehen. Stellte der Lehrer Aufgaben, die ein Verständnis der Prinzipien erforderten, um herauszufinden, welche Formeln man anwenden musste, dann war ich verloren. Als ich den Dreh raus hatte – lange nach dem Gymnasium – habe ich das vorher Unverstandene gelernt. Das war zwar nicht leicht, aber nun begann sich die Anstrengung zu lohnen. Das gilt nicht nur für das Erlernen der Mathematik: Es gibt Kaufleute, die arbeiten 70 oder 80 Stunden in der Woche, ohne nennenswerten Erfolg. Was ihnen fehlt, ist nicht der Einsatzwille, sondern das Wissen, wie man erfolgreich Produkte verkauft; oder es mangelt ihnen an Begabung für diese Tätigkeit. Da hilft alle Anstrengung nichts, weil es blindes Anrennen ist, ohne Aussicht auf Erfolg.

Einige selbst ernannte New-Age-Propheten wollen uns weismachen, dass wir alles erreichen können, wenn wir nur wollen. Wenn wir etwas wünschen, dann müssen wir dies nur richtig tun, und schon werden wir es bekommen. In der Tat könnten die meisten von uns wohl mehr erreichen, wenn wir nur daran glauben würden, dass wir es schafften und uns entsprechend anstrengen würden, wie oben beschrieben. Nun versprechen uns einige dieser Propheten, dass wir zum Beispiel auch Krankheiten vermeiden könnten, wenn wir uns nur gut ernährten, die Kristalle an der richtigen Stelle aufhängten oder die richtigen Übungen praktizierten; sowohl Nahrung, Kristalle wie auch Kurse können für klingende Münze beim Guru selbst bezogen werden. Die Versprechungen gehen weit über das hinaus, was wissenschaftlich zulässig ist: Im Extremfall suggerieren sie, unheilbare Krankheiten heilen, Schmerzen beseitigen oder Verhaltensstörungen bei Kindern entfernen zu können. Solche Versprechen sind aus drei Gründen verderblich:

Erstens sind die Heilerfolge wissenschaftlich nicht erwiesen. Was man in manchen Büchern und Broschüren über die angeblichen Wirkungen alternativer Heilkunst lesen kann, entspricht wohl eher den Wunschträumen der Heilkünstler selbst und trifft die Bedürfnisse jener Kunden, die gerne mit ein paar weichen Farben hier und mit ein paar Kristallen dort sich jene Harmonie schaffen möchten, von der sie sich ein besseres Leben versprechen. Wenn aber zum Beispiel eine Feng-Shui-Therapeutin behauptet, gewisse Farben und Kristalle brächten mehr Harmonie in die Partnerschaft: Ist es dann nicht an der Wissenschaft, eine solche Behauptung zu widerlegen? Die Antwort lautet: Nein, das kann nicht ihre Aufgabe sein. Denn behaupten kann ja jeder. Vielmehr ist es an dem, der eine solche Behauptung aufstellt, diese auch zu beweisen; zu zeigen, dass bestimmte Farbkombinationen oder Steine der Partnerschaft auf die Sprünge helfen. Wer selbst in der Forschung tätig ist, weiß, wie schwierig solche Nachweise sein können. Noch viel schwieriger ist der Beweis, dass etwas nicht existiert. Wenn also Feng-Shui keine Wirkung auf den Ehealltag hat, dann ist dies viel schwieriger zu zeigen als der Nutzen oder gar ein Schaden, den Feng-Shui hervorruft.

Immerhin gelingt es manchmal, zu zeigen, dass gewisse Behauptungen schlicht nicht stimmen. In Australien hat ein Psychologe einmal Pendler in sein Laboratorium eingeladen und nach Wasser pendeln lassen. Den Pendlern wurde erklärt, dass sich in einem von zehn Fässern Wasser befinde; sie sollten bitte herausfinden, in welchem Fass dies der Fall sei. Also wurde tapfer gependelt – und siehe da, das Pendel schlägt aus, hier muss das Wasser sein! Allerdings war die Trefferquote nicht höher als man nach Zufall erwarten könnte. Wir warten also weiter auf einen Beweis, dass Pendeln etwas bringt – und werden wohl noch lange darauf warten. Ebenso konnte man zeigen, dass Astrologie oder Graphologie keine wissenschaftliche Grundlage haben.

Zweitens wird oft die Illusion vermittelt, dass man das eigentliche Problem gar nicht angehen müsse. Man kommt sozusagen auf einem Umweg, ohne jegliche Anstrengung, ans Ziel. Ein schönes Beispiel sind Entspannungsübungen: Diese haben ihre Berechtigung, um sich körperlich zu entspannen und sich geistig aufzufrischen. Werden sie aber angewendet, um Spannungen abzubauen, die vom Stress im Büro herrühren, dann sollte man das Problem im Büro angehen. Ansonsten läuft man Gefahr, dass man die Entspannungsübungen am Abend nicht anders einsetzt als andere ihre drei Bier. Und die lösen bekanntlich nicht jene Probleme, die der Anspannung zugrunde liegen.

Drittens erwecken einige Gurus den Eindruck, dass man für alles selbst verantwortlich ist. Nun stimmt es zwar, dass Menschen für manche Dinge zu wenig Verantwortung übernehmen – aber wir sind nicht für alles verantwortlich. Im Grunde ist dies ein Rückfall in die Zeiten, in denen man sich fragte, wofür Gott einen Bauern strafe, der eine schlechte Ernte einfuhr. Da wird suggeriert, mit positiven Gedanken Krebs besiegen zu können. Viele Krebsarten gehen aber auf Veranlagung zurück; für ihre Entwicklung kann der Einzelne nichts. Lediglich einige Krebsarten können durch Fehlverhalten – z. B. Rauchen – ausgelöst werden. Krebs lässt sich nicht mit Gedankenkraft besiegen. Wer krank wird und sich nicht selbst heilen kann, ist nicht schuldig und braucht sich keine Vorwürfe zu machen. Es ist schändlich, Menschen derart ins Bockshorn zu jagen. Um für etwas verantwortlich zu sein, muss man darüber Kontrolle haben. Da wir über Krebszellen keine psychische Kontrolle haben, können wir Krebserkrankungen auch nicht mit psychischen Mitteln heilen. Ich sagte einmal einem Kollegen, der von der New-Age-Welle erfasst war, dass ich durchaus hypochondrische Tendenzen hätte und mir – wenn irgendwo ein kleiner Polyp wachse – gleich vorstelle, dass es Krebs sei. Er erschrak: «Das darfst du nicht. So bekommst du sicher Krebs!» Stellen Sie sich vor, das wäre wahr: Dann würde wohl jede Menge Medizinstudenten im ersten Studienjahr tot umfallen. Denn Medizinstudenten, die ein bestimmtes Symptom lernen, fragen sich natürlich des Öfteren: Dieses Symptom habe ich auch; bin ich etwa krank? Wenn Vorstellungen und Ängste auf das Immunsystem durchschlagen würden, dann müssten wir unseren Kindern verbieten, Medizin zu studieren!

Es gibt Bereiche, die außerhalb unserer Kontrolle liegen; da nützt dann alle Anstrengung nichts. Allerdings liegt es in unserer Kontrolle, was wir lesen, sehen oder hören wollen. Das sollten wir nutzen, wie wir im nächsten Abschnitt sehen werden.

Wenn ein übereifriger Lehrer oder eine strenge Tante Jugendliche davor warnt, Schund zu lesen, ist die übliche Antwort: Aber ich weiß doch, dass es Schund ist, und werde schon nichts Falsches daraus lernen. Die Forschung zeigt leider, dass es sehr schwierig ist, einmal Gelerntes wieder aus dem Gedächtnis herauszubekommen. Nur wer Wahres liest, wird auch das Wahre wissen. Nur wer Gutes liest, wird wissen, was das Gute ist.

Es ist ein Fehler, Kindern zu sagen, welche Fehler man begehen kann, ohne dass man ihnen gleichzeitig sagt, wie man es richtig macht. Ein schönes Beispiel dafür sah ich letzthin im Internet, auf einer Seite, in der Jugendliche Fragen zur Chemie stellen und Links zu chemischen Experimenten anfügen können. Ein solcher Link zu YouTube war überschrieben mit: «Schaut mal → Flusssäure. So ein Affe, der hat sie nicht mehr alle, stellt euch vor, die Säure hätte ihn getroffen … Und sogar bei sich am Schreibtisch.» Flusssäure, die wässrige Lösung von Fluorwasserstoff, ist äußerst gefährlich, sie kann sogar Glas auflösen. Sie frisst sich zunächst ohne größere sichtbare Schäden in die Haut. Dabei entstehen aber in den tiefen Schichten schwere Verätzungen, Gewebe und Knochen werden angegriffen. Natürlich ist es gut, die jugendlichen Chemieschwärmer auf die Gefahren hinzuweisen, die von einzelnen Chemikalien ausgehen. Wenn man aber eine gefährliche Tat auf Video zeigt und auf die Gefahren hinweist, so vermittelt dies zwei Botschaften: Einerseits lernt der Jugendliche, dass hier etwas Gefährliches geschieht, was er wohl besser nicht tun sollte. Andererseits zeigt das Video, dass ja nichts passiert ist. Warum also sich lange um Sicherheitsvorschriften kümmern, wenn es dem Jungen auf dem Video auch gelungen ist? Wer vor dem Falschen warnt, lehrt uns auch dieses Falsche. Wenn schon ein Video, welches zeigt, dass Flusssäure gefährlich ist, dann wenigstens eins, bei dem der Umgang damit auch unangenehme Folgen hat. Ich will hier nicht den Jugendlichen tadeln, der dieses Video in bester Absicht ins Internet gestellt hat. Allerdings wäre es besser gewesen, das Video nicht durch Verlinkung einer noch breiteren Öffentlichkeit zur Verfügung zu stellen.

Mit der Erinnerung ist es wie mit dem Geld: Solange alles gut geht und wir uns nicht darum kümmern müssen, wie viel wir ausgeben, sehen wir gar nicht, wie viel Unnötiges wir uns anschaffen. Auf die Erinnerung übertragen heißt dies: Wir behalten viel Schrott und merken dies nicht, weil es nichts ausmacht. Personen mit Gedächtnisproblemen geht es hingegen wie unsereiner, wenn er Geldprobleme hat: Sie müssen mit ihren Erinnerungen haushälterisch umgehen. Vor Jahren hörte ich den eindrucksvollen Vortrag einer Frau, die nach einer Hirnverletzung mit Gedächtnisproblemen zu kämpfen hatte. Sie schilderte, wie ihr nach dem Unfall aufgefallen sei, wie viel Erinnerungsmüll sich bei ihr aufgetürmt habe. Da sie sich nun an weniger erinnern konnte, musste sie sozusagen über die Bücher gehen, um herauszufinden, was sie gerne erinnern möchte – und was sie schnell wieder vergessen kann. Wie unsereiner entscheiden muss, was wir mit dem knappen Gut Geld kaufen wollen, damit nicht plötzlich am Ende des Geldes zu viel Monat übrig ist. Mit diesem Erinnerungshaushalt schaffte sie es, ihr Leben einigermaßen in den Griff zu bekommen. Ich bin sicher, wir könnten manches vergessen, ohne dass es uns schaden würde. Im Gegenteil: Wer das Gute tun will, sollte sich mit dem Guten befassen – und das Schlechte beiseite lassen.

Gewisse Dinge würden wir am liebsten vergessen: eine peinliche Begegnung; eine Bloßstellung; dass der, mit dem wir gerade reden, im Gefängnis saß; die Angebetete, die meine Liebe nicht erwidert. Solche unerwünschten Gedanken stören uns beim Einschlafen, bei der Arbeit oder im Gespräch mit Freunden. Sie sind schlecht, weil sie uns dabei stören, das zu tun, was wir uns vorgenommen haben. Also versuchen wir, diese Gedanken wegzudrängen. Es zeigt sich aber, dass dies einen Preis hat: Es mag uns gelingen, die lästigen Gedanken durchaus für eine gewisse Zeit zurückzudrängen. Aber dann kommen sie mit umso größerer Wucht zurück. Was können wir tun, um sie wirklich loszuwerden? Es gibt zwei Möglichkeiten: Einigen Erinnerungen, die uns belasten, können wir eine andere Bedeutung geben. Ist es denn wirklich so peinlich, wenn ich bei einem Vortrag aus dem Tritt komme, eine Frage nicht beantworten kann und dabei eine schlechte Figur mache? Ich denke noch lange dran, rege mich auf. Und die Zuhörer? Die haben das eine Woche später vergessen, und diejenigen, die es nicht vergessen haben, denken vielleicht daran, weil ihnen etwas Ähnliches auch schon passiert ist. Wenn ich daran denke, wie schnell ich solche Dinge vergesse und wie viel Verständnis ich für solche Missgeschicke habe, dann kann ich die betreffende Peinlichkeit lockerer nehmen.

Etwas anderes ist es, wenn man vom Chef bloßgestellt wird: Hier genügt es nicht, sich zu sagen, dass andere Verständnis haben und ähnliche Erfahrungen machen. Wenn ich mir das nämlich einmal gefallen lasse, dann muss ich mir das immer gefallen lassen; so wenigstens könnte der Chef denken. Statt aber im eigenen Saft zu schmoren, lohnt es sich, ruhig darüber nachzudenken, was man aus dieser Situation lernen könnte. Sicher kann ich den Chef darauf ansprechen und sehen, wie er reagiert; wenn es nicht seine Absicht war, mich zu verletzen, wird er auf meine Empfindlichkeiten Rücksicht nehmen und mich nicht mehr bloßstellen. Möglicherweise hat sich aber gezeigt, dass weitere Gespräche wenig bringen. Wenn er mich schon lange so behandelt, kann ich mir überlegen, ob ich zur vorgesetzten Stelle gehe, eine Beratung suche oder den Job wechsle. Hilfreich kann es sein, das Spiel nicht mitzumachen – nicht zu reagieren, die eigenen Ziele zu verfolgen und ansonsten seine Arbeit gut zu machen. Das ist nicht das Hinhalten der anderen Wange, wie es in der Bibel empfohlen wird, sondern ein Abkoppeln des eigenen Handelns vom Handeln seiner Peiniger. Das ist hart, aber das einzig Sinnvolle, wenn sich kein anderer Ausweg anbietet. Man passe aber auf: Gerade immer wiederkehrende Demütigungen – mit der Folge, dass mein Selbstvertrauen geschwächt wird – können mich glauben machen, es existiere keine andere Möglichkeit, als dem Mobbing aus dem Wege zu gehen. So sehr bin ich davon überzeugt, dass es weit und breit keine Alternative gibt, dass ich gar nicht erst mit Suchen beginne. Hier ist es hilfreich, mit Personen zu reden, die mit der Situation nichts zu tun haben – Lebenspartner, Freunde, eine frühere Vorgesetzte, die man schätzt. Auch wenn sich einige Lösungsvorschläge, die man erhält, nicht realisieren lassen, so mag sich doch die eine oder andere Möglichkeit eröffnen, an die man nicht gedacht hätte. Haben wir die Situation erfolgreich bewältigt, dann müssen wir auch nicht immer daran denken.

Können wir einem Ereignis keine neue Bedeutung geben oder die Situation nicht ändern, so können wir versuchen, die Gedanken kommen zu lassen und, so gut es geht, zu akzeptieren. Zum Beispiel hat die Tatsache, dass ein Kunde mal im Gefängnis saß, nichts mit unserem aktuellen Geschäft zu tun. Obwohl wir eigentlich nicht daran denken wollen, drängen sich die Gedanken daran aber auf. In dieser Situation sollten wir nicht versuchen, uns dagegen zu wehren, sondern die Gedanken kommen (und auch wieder gehen) zu lassen. Es verhält sich nun einmal so, dass bestimmte Eigenschaften einer Person uns zu denken geben.

Ähnliches gilt auch für den Fall nicht erwiderter Liebe: Das dürfte wohl keinem erspart bleiben. Auch hier ist es wichtig, nicht angestrengt verdrängen und vergessen zu wollen. Es gibt verschiedene Möglichkeiten, die Wunden zu heilen, auch wenn dies Zeit braucht. Menschen sind ja Meister darin, die geliebte Person nach und nach in einem negativeren Licht zu betrachten, damit der Verlust nicht so schmerzlich ist. Man kann es auch anders herum sehen: Verliebte, deren Liebe nicht erwidert wird, stürzen die geliebte Person vom Sockel, womit sie wieder zu einem ganz normalen Menschen wird. Eine andere Methode besteht darin, die Dinge von verschiedenen Seiten zu betrachten: Wie fühle ich mich, wenn ich um die Liebe kämpfe? Wie, wenn ich mir vorstelle, dass es gut so ist, wie es ist? Schließlich kann man etwas tun, das einen auf andere Gedanken bringt. Es muss ja nicht gerade die Fremdenlegion sein.

Nachher weiß man alles besser

Am Anfang hat sie ihn geliebt, war verknallt bis über beide Ohren. Sie hat sich mit ihm verlobt und ihn später geheiratet. Hätte man ihr am Hochzeitstag die geschmacklose Frage gestellt, wie groß die Wahrscheinlichkeit sei, dass ihre Ehe in die Brüche gehe, hätte sie wohl geantwortet: 0,00 Prozent. Anfangs ging es noch gut. Doch dann wurde er immer langweiliger, saß bei den Computerspielen oder mit Freunden beim Bier statt mit ihr auf der Terrasse, so dass sie eines Tages ihre Siebensachen packte und ging. Zuerst zu einer Freundin, der sie das Herz ausschüttete: Habe ich es nicht schon immer gewusst? Habe ich nicht schon immer gezweifelt? Mich schon vor der Heirat heimlich gefragt, ob er denn der Richtige sei?

Zweifel bleiben keinem erspart. Sie können auch kommen, wenn sich die einst heiße Verliebtheit abkühlt und an ihre Stelle Gefühle der Zuneigung und Zusammengehörigkeit treten, die derart unauffällig sind, dass man sich schon die Frage stellt: «Ist das die große Liebe, von der ich geträumt habe?» Würde die Beziehung weiter bestehen, spielte der Gedanke daran und auch an vormalige Zweifel keine entscheidende Rolle. Da aber die Ehe geplatzt ist, erhalten die Gedanken von damals ein größeres Gewicht, als ihnen eigentlich zusteht. So glaubt sie schließlich, schon immer – selbst bei der Hochzeit – gewusst zu haben, dass er nicht der Richtige war. Nachher ist man immer klüger. Kennt man den Ausgang einer Geschichte, überschätzt man das Wissen, das man seinerzeit hatte. In der Fachsprache heißt dies «Rückschaufehler». Man glaubt, schon vorher alles gewusst zu haben, ohne es tatsächlich zu wissen – vielleicht hätte man es gar nicht wissen können.

Ein schönes Beispiel für Rückschaufehler ergab sich im Jahr 2001, als der schweizerischen Fluggesellschaft Swissair das Geld ausging und die Flugzeuge am Boden bleiben mussten, weil die Lieferanten den Benzinhahn zudrehten. Die gesamte Schweiz war geschockt. Da griff ein bekannter Schweizer Journalist in die Tasten und schrieb, das Swissair-Management habe in den neunziger Jahren eine entscheidende Chance verpasst, als die Fluggesellschaft ein Bündnis mit der holländischen KLM, der skandinavischen SAS und der österreichischen AUA hätte eingehen können. Ein Kollege von ihm machte sich daraufhin die Mühe, nachzulesen, was derselbe Journalist Jahre früher geschrieben hatte, als dieses Bündnis diskutiert wurde. Fazit: Damals hatte er sich vehement gegen den Zusammenschluss mit den anderen europäischen Partnern ausgesprochen und in etwa eine Strategie empfohlen, wie sie das Swissair-Management tatsächlich eingeschlagen hatte. Das Bündnis war damals unter anderem am zu großen Widerstand weiter Kreise zerbrochen, die nicht wahrhaben wollten, dass die nationale Fluggesellschaft nur noch ein gleichberechtigter Partner unter anderen sein sollte; heute gehört die Swiss – die Nachfolgegesellschaft der Swissair – der Lufthansa. Ist dieser Journalist ein Wendehals, der seine Leser hinters Licht führt, indem er vorgibt, schon immer dieses Bündnis der vier Fluggesellschaften unterstützt zu haben – wohl wissend, dass er damals ganz anders dachte? Oder hat der umtriebige Journalist ganz einfach vergessen, was er damals geschrieben hatte? Ich kann es nicht wissen, aber eines zeigt sich auch an diesem Beispiel: Nachher ist man immer klüger. Immer wieder überschätzen wir in Kenntnis des Ausgangs einer Geschichte unsere Fähigkeit, das Richtige im Voraus zu wissen.

Untersuchungen zeigen, dass es schwierig ist, mit diesem Fehler umzugehen, da Personen oft zu stark korrigieren, wenn sie den Fehler bemerken. Wichtig ist aber, den Rückschaufehler immer im Auge zu behalten und bescheidener zu sein, wenn es um die Frage geht, ob man etwas schon immer gewusst hat.

Ebenso fehlerhaft sind häufig unsere Einschätzungen anderer Menschen.

Andere Menschen einschätzen

Wir glauben, wir könnten andere Menschen ganz gut einschätzen. Trotzdem passieren uns Fehleinschätzungen, sei es, dass wir jemandem vertrauen, dem wir besser nicht vertraut hätten, oder dass wir jemandem grundlos misstrauen.

In einigen Fällen sind gegebene Versprechungen derart unrealistisch, dass wir das Gegenüber gar nicht einschätzen müssen. In Zürich hat vor kurzem eine 80-jährige Frau einen Telefonanruf erhalten, sie habe doch vor zwei Jahren einen Teppich in der Türkei gekauft. Ja, das stimmte, abgesehen von der kleinen Unrichtigkeit, dass der Kauf schon drei Jahre her war. Der Sohn und die Tochter des Teppichhändlers, bei dem sie damals den Kauf getätigt habe, seien in der Schweiz und würden ihr gerne persönlich ein Kundengeschenk überreichen. Am nächsten Tag waren die beiden bei ihr und erzählten ihr eine herzzerreißende Geschichte über eine Ladung Teppiche, die in einem Lager festgehalten würden und nur ausgelöst werden könnten, wenn sie sofort 28 000 Franken bezahlen würden. Ob die alte Frau ihnen nicht das Geld leihen könne? Sie würden ihr morgen schon die 28 000 Franken plus einen Zins von 5000 Franken zurückerstatten. Das in Wahrheit deutsche Paar, das für seine Trickdiebstähle europaweit gesucht wurde, konnte noch in der Wohnung der alten Frau verhaftet werden, weil diese das Telefonat vom Vortag doch etwas wunderlich gefunden und vorsorglich die Polizei informiert hatte. Nicht umsonst warnen Polizei und Beratungsstellen vor Geschäften, die auf abenteuerlichen Geschichten beruhen, deren dringender Abschluss keine Zeit zum Überlegen zulässt oder sagenhafte Gewinne verspricht. In finanziellen Belangen ist es oft klüger, die Sache zu beurteilen statt die Menschen, die in der Regel nett und überzeugend auftreten und damit dann großen Erfolg haben. Die mutige Achtzigjährige dürfte eher die Ausnahme als die Regel sein.

Philosophie und Religion zeigen uns einen anderen Weg, wie wir solche Fehleinschätzungen vermeiden können: Nicht indem wir unsere Menschenkenntnis verbessern, sondern indem wir uns von den betreffenden Begierden frei machen. Will ich gar kein Geld scheffeln, dann muss ich auch den Finanzjongleur nicht einschätzen, der mir von den neuesten Anlageinstrumenten berichtet, welche angeblich 20 Prozent Zins im Jahr abwerfen. Der Mann lässt mich einfach kalt. Dürstet eine einsame Frau danach, geliebt zu werden, fällt sie eher auf den Schwindler herein, der ihr Liebe verspricht und das Bankkonto plündert.

Nun ist es durchaus richtig, seine Begierde zu zügeln. Wo sich Leute nach Geld und Liebe sehnen, sind Betrüger nicht weit. Doch hat der Wunsch, sein Geld gut anzulegen, durchaus seine Berechtigung; auch den Kundenberater einer seriösen Bank müssen wir danach einschätzen, ob er kompetent und vertrauenswürdig ist. Jeder sehnt sich nach Liebe; nur möchten wir nicht jemanden lieben, der uns ausnutzt. Im Alltag müssen wir Menschen selbst dann einschätzen können, wenn wir von zügelloser Begierde weitgehend frei sind.

Bei der Beurteilung anderer Menschen unterlaufen uns grundsätzlich drei Arten von Fehlern: Wir sehen nur uns selbst, wir verallgemeinern zu sehr, und wir verwenden zu häufig vorgefasste Meinungen. Schauen wir uns die drei Fehlerquellen näher an.

Erstens sind wir zu sehr auf uns selbst ausgerichtet; wir lassen uns entweder von Stimmungen beeinflussen oder unsere Vermutung Mutter des Gedankens sein. Sind wir aufgeräumter Stimmung, kann uns über den Weg laufen, wer will, wir finden die Person sympathisch. Hat die Personalchefin hingegen heute Morgen Zoff mit ihrem Mann gehabt, dann dürften die ersten Bewerber einen ungleich schwereren Stand haben als jene, die antreten, nachdem sie sich wieder mit ihrem Herrn Gemahl ausgesöhnt hat. Da wir den Charakter einer Person nicht wie ein offenes Buch lesen können, werden wir oft dazu verführt, Eigenschaften in diese Person hineinzuinterpretieren, die aus unserem Zutrauen oder Misstrauen resultieren. Eine misstrauische Schadensachbearbeiterin bei einer Versicherung wird zum Beispiel davon ausgehen, dass am gemeldeten Schaden etwas falsch sein könnte; sie prüft also die Aussagen daraufhin, ob sie Lügen sein könnten. Stellt man sich jedoch die Frage: «Ist es eine Lüge?», so wird man eher auf etwas Faules stoßen als der zutrauliche Mechaniker, der unsere Aussage für bare Münze nimmt. Auf diese Weise findet die misstrauische Sachbearbeiterin ihren Verdacht der Schlechtigkeit der anderen genauso bestätigt wie der vertrauensvolle Mechaniker seine Annahme des Guten im Menschen. Ob es besser ist, zu vertrauen oder zu misstrauen, ist schwer zu sagen. Die Sachbearbeiterin mag einige Kunden verärgern, in die sie hätte Vertrauen haben können, dafür geht ihr mancher Schwindler ins Netz. Der Mechaniker mag das eine oder andere Mal hereingelegt werden, er lässt sich aber keine Gelegenheit entgehen, mit den Ehrlichen zusammenzuarbeiten. Natürlich gibt es gute Gründe für Vertrauen oder Misstrauen: Bei Schadenversicherungen geschieht Betrug häufig, da ist zum Beispiel die verlorene Kamera bald eine gestohlene. Also ist es besser, vorsichtig zu sein. Ganz anders beim Mechaniker: Ihm sagt wohl kaum jemand, dieses oder jenes sei defekt, wenn es sich nicht so verhält; denn der Mechaniker wird es überprüfen und die dafür aufgewendete Zeit berechnen.

Zweitens verallgemeinern wir unseren ersten Eindruck zu sehr. In einer eleganten Studie wurde Studenten mitgeteilt, dass ein Mann einen Vortrag halten werde. Einer Gruppe wurde gesagt, bei dem Vortragenden handle es sich um einen Professor, einer zweiten, er sei Dozent, einer dritten, er sei Assistent, einer vierten, es sei ein anderer Student. Nachdem die Studenten den Mann gesehen hatten, wurden sie um eine Einschätzung seiner Körpergröße gebeten. Fazit: Je höher der mitgeteilte Status war, desto größer wurde der Vortragende eingeschätzt. Was geschieht hier? Es wird von einem Merkmal auf ein anderes verallgemeinert: Hat der Mann einen hohen Status, dann wird er auch für größer gehalten. Dieser Mechanismus dürfte mit ein Grund dafür sein, dass schöne Menschen mehr verdienen als weniger schöne Zeitgenossen: Wer schön ist, gilt als talentiert, freundlich, intelligent. Schönheit ist eine Art Erfolgssiegel. Dies gilt natürlich auch im negativen Fall: Hören wir von einem Verkäufer, er habe eine Narbe im Gesicht, dann dürften ihn die Kunden negativer einschätzen als seinen attraktiven Konkurrenten, obwohl Narben im Gesicht nichts über Ehrlichkeit, Freundlichkeit oder Zuverlässigkeit aussagen.

Drittens haben wir häufig vorgefasste Meinungen über bestimmte Gruppen. Ich war kürzlich in Paris und übernachtete in einem kleinen Hotel. Am Empfang arbeitete ein junger, sympathischer Mann, der aus Nordafrika stammte. Er war Ingenieur, fand aber keine Stelle. Er erzählte mir, dass er trotz guter Qualifikationen nicht zu Bewerbungsgesprächen eingeladen werde. Hatte ein Arbeitgeber zwischen einem Albert Dupont und einem Ibrahim Al-Fulani zu wählen, wurde Albert Dupont eingeladen. Forscher der Universität Paris haben dazu eine Studie durchgeführt: Sie sandten fiktive Bewerbungen junger Personen an 200 Arbeitgeber, die ein Stelleninserat aufgegeben hatten. Den verschiedenen Arbeitgebern wurden Lebensläufe mit gleichen Qualifikationen geschickt, lediglich der Name war unterschiedlich. In der Hälfte der Fälle war es ein typisch französischer, in der anderen Hälfte ein arabischer Name. Bewerber mit einem französischen Namen hatten mehr als fünfmal größere Chancen, zum Bewerbungsgespräch eingeladen zu werden als Bewerber mit einem arabisch klingenden Namen. Es zählt nicht der Einzelne, sondern das Stereotyp «Franzose» bzw. «Araber». Stereotypen sind verallgemeinerte Meinungen über Personengruppen; darüber, was man über diese Gruppe zu wissen glaubt. Aus negativen Stereotypen können leicht negative Vorurteile entstehen, die eine gefühlsmäßige Ablehnung einer bestimmten Gruppe nach sich ziehen. Der junge Ingenieur am Hotelempfang hat mir auch erzählt, dass er nach vielen vergeblichen Bewerbungen begonnen habe, einen französischen Namen anzugeben. Nun wurde er zwar eingeladen; als die Arbeitgeber aber merkten, dass er Nordafrikaner war, erhielt er wieder keine Chance. Im nächsten Abschnitt werden wir sehen, dass solche Vorurteile auch politisch genutzt werden.

Wahlkampf in der Schweiz: Das stellt man sich beschaulich vor, schon fast liebenswürdig und auf jeden Fall langweilig. Im Jahr 2007 war das anders, und man hätte sich die Langeweile vorangehender Wahlkämpfe zurückgewünscht. Die Schweizerische Volkspartei (SVP), früher eine Bauernpartei mit Bodenhaftung, versucht schon seit Jahren erfolgreich, im rechtsextremen Teich zu fischen, indem sie das Thema Einwanderung besetzt. Im Jahr 2007 ließ sie Plakate anbringen, die weiße Schäfchen zeigen – die lammfrommen Schweizer –, die die Aufgabe haben, die schwarzen Schafe – kriminelle Ausländer – hinauszuwerfen. Wer will, kann im Internet das extra für den Wahlkampf geschaffene Schäfchenspiel starten und Punkte gewinnen, indem er die schwarzen Schafe an der Grenze zurückweist. Die SVP gewann dadurch Stimmen und wurde die mit Abstand stärkste Partei in der Schweiz.

Vom Standpunkt des Politmarketings waren das Plakat und das Spiel eine Meisterleistung; moralisch sind sie aber verwerflich. Warum denn, mag man sich fragen, es ging doch nur gegen kriminelle Ausländer, die trotz ihrer Straftaten in der Schweiz bleiben dürfen und nicht in ihre Heimat ausgewiesen werden. Es muss doch in einer Demokratie erlaubt sein, solche Fragen zu diskutieren.

Ja durchaus, und man soll auch heikle Probleme offen ansprechen. Das muss aber sensibel und den Tatsachen entsprechend geschehen. Angeblich richtete sich die Werbekampagne der SVP nur gegen kriminelle Ausländer. In Wirklichkeit lassen die schwarzen Felle der kriminellen Ausländer an Menschen mit dunkler Hautfarbe denken. Die weißen Schafe hingegen können nur Schweizer sein, denn nur sie können den Ausländern den Eintritt in ihre teure Heimat verweigern. Selbstverständlich wird verschwiegen, dass es auch kriminelle Schweizer gibt; wohin aber will man sie abschieben? Weder auf den Plakaten noch im Spiel findet sich ein Hinweis auf die große Mehrheit der Ausländer, die sich nicht kriminell verhält, sondern in die Schweiz kommt, um Frieden oder Arbeit zu suchen. So schafft es die SVP, durch die Hintertür eine Botschaft zu vermitteln, die sie nicht aussprechen muss: Ausländer raus. Das gefällt einem Teil der Schweizer, die ihre Berufschancen durch Ausländer gefährdet sehen – im akademischen Bereich nicht zuletzt durch Deutsche. All dies zusammen hat die Werbekampagne so teuflisch erfolgreich gemacht.

Wenn rechtslastige Politiker fremdenfeindliche Parolen zum Besten geben, behaupten sie oft, nur das zu sagen, was alle denken. In der Tat scheint unser Hirn auf die Furcht vor Fremden programmiert zu sein. Wenn die meisten von uns in diesem Fall aber nicht sagen, was sie denken, dann deshalb, weil sie wissen, dass diese fremdenfeindlichen Gedanken nicht richtig sind. Sie entspringen jenen fernen Zeiten in der Savanne, als wir mit anderen um die Nutzung des Wasserloches stritten. Fremdenfeindlichkeit ist zwar natürlich, aber nicht gut. Dass sie natürlich ist, macht es Werbefachleuten leicht, unsere Vernunft zu unterlaufen und unsere Ängste zu wecken.

Ausländerfeindliche Werbung und rassistische Parolen sind gerade dann erfolgreich, wenn man nicht aufmerksam ist; die Plakate der SVP hingen bevorzugt an Orten mit vielen Passanten, etwa an Bahnhöfen. Man sieht das Plakat wenige Sekunden und vergisst es wieder – aber nicht dessen Botschaft. Diese schlummert irgendwo in unseren Hirnwindungen und beeinflusst unsere Meinung. Auch das Schäfchenspiel ist so aufgezogen, dass das Wegkicken der schwarzen Schafe Spaß macht. Wer sich mit Computerspielen vergnügt, sucht nicht geistige Herausforderung, sondern Zerstreuung. Den Werbestrategen der SVP kann das nur recht sein, denn wer unaufmerksam ist, lässt sich eher beeinflussen.

Ich bin nicht der Meinung, dass solche Werbung verboten werden sollte – es ist hier sehr schwierig, die Grenzen richtig zu setzen. Man wird immer Mittel und Wege finden, entsprechende Gesetze zu umgehen und seine Hassbotschaft beiläufig an den Mann oder an die Frau zu bringen. Wir dürfen aber bei unserem Handeln nicht davon ausgehen, dass der Bürger schon um die Möglichkeiten seiner Beeinflussung weiß und diese dementsprechend abwehren kann. Die SVP zum Beispiel weiß nur allzu genau, wie wirksam ihre Angstkampagne ist. Wichtig ist, bei allen Bürgern ein Bewusstsein davon zu wecken, wie leicht man sie beeinflussen kann; sie sollten wissen, mit welchen Tricks hier gearbeitet wird. Denn derjenige, der weiß, dass und wie er manipuliert werden soll, kann sich innerlich dagegen wappnen und ist weniger anfällig für die betreffende Botschaft.

Spüren und Fühlen

Nicht immer werden Gespür und Gefühl so in die Irre geleitet wie bei ausländerfeindlicher Werbung. Wer hat sich schon seinen Partner fürs Leben nach objektiven Kriterien ausgewählt, wie wir dies bei einem Stellenbewerber tun? Wohl kaum jemand. Vielleicht liegt es daran, dass Sie sich nicht rechtfertigen müssen, wenn Sie Ihren Studienkolleginnen auf einer Party Ihren Freund vorstellen. Wenn sich der Typ nicht offensichtlich daneben benimmt, wird kaum jemand Einwände vorbringen, zum Beispiel nach seiner Belastbarkeit fragen oder danach, ob er seine Tauglichkeit fürs Familienleben unter Beweis gestellt habe. Genau diese Art von Rechtfertigung verlangt aber die Personalchefin, wenn Sie als Bereichsleiter einen Mitarbeiter einstellen wollen: Ist der Typ belastbar? Ist er seiner Aufgabe gewachsen? Wo sind die Argumente?

Oft spüren wir, ob wir mit einem Stellenbewerber zurechtkommen werden oder nicht, ohne genau sagen zu können, warum. Wenn wir uns für eine Kaffeemaschine entscheiden müssen, dann ahnen wir, dass uns die technisch schlichte Maschine mehr bringt als die mit allen Schikanen ausgestattete, können die Entscheidung aber nicht rechtfertigen. Wenn wir gefragt werden, warum wir glauben, mit einer bestimmten Entscheidung richtig zu liegen oder mit einer Person nicht zurechtzukommen, so bringt uns das in Verlegenheit. Sich dabei aufs Gespür zu berufen, gilt als schlechtes Argument. Tatsächlich zeigt aber die neuere psychologische Forschung, dass das Gespür gar kein so schlechtes Argument ist: Der aus Portugal stammende Neurologe Antonio Damasio konnte zeigen, dass wir bei Entscheidungen unser «Bauchgefühl» nutzen können, um zu richtigen Entscheidungen zu kommen, bevor wir eine geeignete Strategie anwenden können. Niederländische Forscher konnten zeigen, dass dies vor allem auf komplexe Entscheidungen wie dem Anmieten einer Wohnung zutraf. War die Entscheidung hingegen relativ banal, wie das Kaufen von Schuhen, dann lohnte sich Nachdenken.

Aus dem Bauch zu entscheiden heißt aber nicht, dass man schnell und spontan entscheiden sollte; vielmehr zeigte sich, dass die Entscheidung, eine Wohnung zu mieten, dann zufriedenstellend ausfiel, wenn man sich Zeit gelassen hatte. Man sollte eine komplexe Entscheidung in Ruhe überschlafen und am anderen Tag treffen. Natürlich sollten wir dabei die Tatsachen, die etwa für oder gegen die betreffende Wohnung sprechen, nicht vernachlässigen: Wer das gute Gefühl für eine Luxuswohnung nur deshalb verspürt, weil er die Summe auf seinem Konto überschätzt, der wird nachher Mühe haben, mit seiner Entscheidung zufrieden zu sein.

Wieso können Bauchgefühle zu zufrieden stellenden Entscheidungen führen? Wenn wir alles durchdenken müssen, dann sind wir langsam. Wir können immer nur einen Gedanken an den anderen reihen. Dadurch können wir nur wenig Information auf einmal berücksichtigen. Ganz anders, wenn wir uns auf Bauchgefühle verlassen; dabei können wir unbewusst viel Information auf einmal berücksichtigen. Warum vertrauen wir dann in der Regel der Intuition weniger als den bewussten Gedanken? Der Nachteil der Bauchgefühle ist, dass wir nicht wissen, welche Information in ihnen zusammenfließt. Wenn wir einen Hauskauf Punkt für Punkt durchgehen, dann wissen wir, auf welcher Grundlage wir entschieden haben. Haben wir dabei nichts vergessen, dann sollte der Kauf gut über die Bühne gehen. Aber sind wir mit dem Haus auch zufrieden? Wird es uns auf die Dauer gefallen? Diese Fragen können wir gar nicht Punkt für Punkt durchgehen, weil es zu viele Punkte gibt, auf die wir dabei achten müssten. Zudem sind der Stand des Bankkontos, das Einkommen und die Zinsbelastung bekannte Größen; darüber bin ich mit meiner Frau einig; wohl auch darüber, ob wir uns das Haus leisten können. Was aber, wenn meine Frau findet, das Haus liege viel zu eingeklemmt zwischen einer Mauer und einem Wald, während mich die ruhige Lage begeistert? Oder ich der Meinung bin, hier sei alles zu dunkel, was mich deprimiere, und meine Frau findet, das Haus mit seinen kleinen Fenstern sei so schön altmodisch? Das sind nicht objektive Tatsachen wie der Stand des Bankkontos, sondern Empfindungen und Gefühle, die wir oft nicht einmal richtig beschreiben können. Zudem zählen nicht nur die Lage, die Ruhe, die Dunkelheit oder der Stil, sondern viele andere Aspekte, von denen wir nicht einmal wissen, dass sie unser Bauchgefühl beeinflussen. Wir befinden uns also in der paradoxen Lage, dass wir oft dann zufrieden sind mit dem, was wir tun, wenn wir uns auf ein Gefühl verlassen, von dem wir nicht recht wissen, wie es zustande kommt.

In der Umgangssprache reden wir von Scham und Schuld, ohne die beiden Begriffe auseinanderzuhalten. In den letzten Jahren hat man in der Psychologie begonnen, Schuld und Scham zu trennen: Schuld besagt, dass man etwas getan hat, das jemand anderen geschädigt hat; dafür fühlt man sich verantwortlich und hat deshalb ein schlechtes Gewissen. Es ist die Tat, die man als schlecht beurteilt. Scham hingegen meint die Herabsetzung seiner selbst, weil man etwas Bestimmtes getan hat. Es ist die eigene Person, die man als schlecht beurteilt. Dies hat auch unterschiedliche Konsequenzen: Wer Schuld fühlt, will wieder gutmachen, was er Schlechtes getan hat. Wer Scham fühlt, der versteckt sich, weil es ihm peinlich ist, sich zu zeigen.

Wir alle haben schon Dinge getan, die uns peinlich waren. Bei einigen davon ging es nicht einmal um Wiedergutmachung: zum Beispiel wenn uns unsere heimliche Schulliebe ein Kompliment machte und wir im Gesicht rot anliefen und kein vernünftiges Wort über die Lippen brachten. Solche Dinge sind uns peinlich. Manchmal monatelang. Dabei sind es harmlose Episoden: Wer hat schon von jemandem Böses gedacht, der in einer solchen Situation verlegen wirkte? Außerdem hat unsere heimliche Liebe die Verlegenheit wohl schnell vergessen, wir selbst hingegen haben noch Wochen daran genagt. Würden wir die Situation aus der Sicht des Anderen sehen, bräuchten wir uns nicht länger zu schämen. Oft entbehren unsere Schamgefühle jeder vernünftigen Grundlage.

Ein anderer Grund, weshalb sich Menschen vor allem im Jugendalter schämen, ist das Aussehen. In der Regel handelt es sich um eingebildete Mängel, die niemand außer man selbst beim Blick in den Spiegel beachtet. Natürlich ist ein roter Pickel auf der Nase nichts Schönes; wir vergessen aber, dass andere ähnliche Probleme haben. Wann immer sich ein Jugendlicher über zu wenig Brusthaare oder ein Mädchen über eine zu große Nase aufregt, gibt es im ganzen Land bestimmt Dutzende andere, die genauso enttäuscht vor dem Spiegel stehen. Hingegen erlebe ich immer wieder, dass Menschen, die man landläufig nicht als Schönheiten bezeichnen würde, mit Selbstbewusstsein, Freundlichkeit und Humor ihre körperlichen Mängel mehr als wettmachen.

Wenn wir einen anderen geschädigt haben, dann sollten wir uns nicht schämen und verstecken; wir sollten uns schuldig fühlen, zu unserer Tat stehen und Wiedergutmachung leisten. Schließlich sollte uns unsere Schuld eine Warnung sein, uns zukünftig anders zu verhalten. Die Forschung zeigt auch, dass Scham eher zu psychischen Störungen führt als Schuld. Verschämte Schüler wurden später häufiger risikofreudige Autofahrer und begannen früher mit dem Alkoholkonsum. Sind junge Menschen frei von Scham, sich aber jeweils ihrer Schuld bewusst, wenn sie etwas angestellt haben, dann haben sie als Erwachsene ein geringeres Risiko, kriminell zu werden.

Darf man glücklich sein?

Personen, die lebend den Schrecken des Holocausts entkommen waren, haben in der Vergangenheit oft eine von zwei extremen Haltungen eingenommen: Entweder sagten sie sich, dass sie angesichts des Leidens, das sie gesehen hätten, nie glücklich werden dürften. Oder sie meinten, angesichts dessen, was sie überstanden hätten, müssten sie überglücklich sein. Der Holocaust war ein unvergleichliches Ereignis, das extreme Gefühle herausforderte. In abgeschwächter Form begegnen wir dem betreffenden Dilemma aber auch heute noch: Dürfen wir, die über Hunger und Elend in der Welt bestens informiert sind, überhaupt glücklich sein? Oder ist es gerade so, dass wir glücklich sein *müssen*, weil es uns so gut geht in einer Welt, in der eine große Mehrheit schlechter lebt als wir selbst?

Dieses Dilemma lässt sich nicht mit einer wissenschaftlichen Untersuchung lösen: Ob wir das Gefühl haben, nicht glücklich sein zu dürfen oder glücklich sein zu müssen, hängt von unserer Weltanschauung ab; von Werten, die sich nicht wissenschaftlich bestimmen lassen. Ein Aspekt dabei könnte etwa sein, dass Leute, die meinen, sie dürften angesichts des Elends auf der Welt nicht glücklich sein, kaum andere fröhlich machen. Berücksichtigen wir also unsere Wirkung auf andere, dann sollten wir sogar glücklich sein; und insofern unsere Gefühle auf andere ansteckend wirken, könnte es sogar geboten sein, Fröhlichkeit auszustrahlen, wann immer es geht. Allerdings stellt sich dann die Frage, ob wir vor lauter Glück nicht die anderen vergessen, jene nämlich, denen es schlechter geht.

Die Lösung heißt Dankbarkeit. Sie ist das positive Gefühl, dass einem eine Wohltat zuteil wurde, ohne dass man diese hat erwarten dürfen. Dankbarkeit lässt einen nicht nur das Glück genießen; man will dem Wohltäter auch Dank abstatten, ihm zurückgeben, was man hat empfangen dürfen.

Nun machen wir oft die Erfahrung, dass wir jenen nicht ausreichend danken können, die wichtige Weichen für unser Leben gestellt haben. Unsere Eltern dürften noch am ehesten wissen, dass sie für uns wichtig waren und dass wir ihnen dafür dankbar sind. Andere hingegen haben davon keine Ahnung: so mein inzwischen verstorbener Lehrer in der Primarschule, der mich Aufrichtigkeit gelehrt hat; mein Deutschlehrer im Gymnasium, der in mir das Interesse für die Psychologie weckte; meine Französischlehrerin in der ersten Gymnasialklasse, die Gnade vor Recht walten ließ, meine Französischnote aufrundete und mir so eine Klassenwiederholung ersparte. Ich mag allen diesen danken, aber ich kann ihnen und vielen anderen nicht zurückgeben, was sie mir gegeben haben. Was soll ich tun? Nun, erstens kann ich diesen Leuten persönlich danken. In der Tat zeigt sich, dass ein solches Dankeschön nicht nur dem Empfänger, sondern auch dem Geber, dem Dankenden

guttut. Außerdem kann ich *anderen* weitergeben, was ich empfangen habe: Meine Eltern sind sichtlich stolz auf ihre Enkelkinder und glücklich, wenn wir unseren Kindern weitergeben,
was sie für uns getan haben. Ein guter Lehrer wird kaum je von
seinen Schülern zurückbekommen, was er ihnen gegeben hat.
Diejenigen Schüler, die sich ihn zum Vorbild nehmen, werden
jedoch anderen das Gute weitergeben. Wer einmal erlebt hat,
dass ihm Gnade vor Recht widerfuhr, der erinnert sich hof-
fentlich daran, wenn es einmal an ihm ist, Recht oder Gnade
walten zu lassen. Dankbarkeit lässt uns zurückgeben und – wo
wir nicht zurückgeben können – weitergeben.

Wir dürfen nicht nur dankbar sein, dass uns einzelne Personen den richtigen Weg gewiesen haben; wir dürfen auch
dankbar sein, dass wir in eine Welt hinein geboren wurden, in
der wir genug essen und trinken können; in der wir frei unsere
Meinung sagen können. Dies würde bedeuten, dass wir durchaus unser Glück genießen dürfen, aber auch dafür dankbar
sind.

Die guten Worte

Wie geht's?

«Wie geht's?» Diese harmlose Frage hat es in sich und kann uns einiges darüber lehren, wie schwierig es ist, die guten Worte zu finden. Je nach Kultur bedeutet diese Frage etwas anderes als bei uns. In einigen Ländern, zum Beispiel den USA, ist die Frage «Wie geht's?» («How are you?») nicht mehr als eine Floskel; der Fragende will gar nichts über unsere Befindlichkeit wissen. Unsereiner ist dann erstaunt, wie verständnislos uns eine Amerikanerin anschaut, wenn wir ihr von unserem Schnupfen erzählen, der uns seit zwei Wochen plagt. Auch für Amerikaner in Deutschland kann dies ein Problem sein, wie mir ein Kollege neulich schilderte: Er war als junger Chemiker in Deutschland. Ging er nun von seinem Büro zur Kopiermaschine, grüßte er die Kollegen im Gang und fragte «Wie geht's?» Statt einem mehr gehauchten als gesprochenen «gut», wie dies in den USA üblich wäre, bekam er allerlei Leidensgeschichten zu hören, deren Erzählung sich auch schon mal eine Viertelstunde hinzog. Er war doppelt im Stress: Erstens war er es nicht gewohnt, mitten in der Arbeit private Gespräche zu führen – was mag der Boss dabei wohl denken? Zweitens fühlte er sich seltsam berührt, dass ihm an sich fremde Menschen von ihren Krampfadern und Scheidungen erzählten. Er traute andere fast nicht mehr zu fragen, wie es ihnen gehe, aus Angst, ihnen zu nahe zu kommen.

Auch innerhalb unserer eigenen Kultur fragen wir uns, ob

wir mit dieser simplen Frage Leute nicht bedrängen. Wenn wir hören, dass eine gute Bekannte eine schwere Lungenentzündung hat: Soll man sie anrufen und fragen, wie es geht? Ist das nicht aufdringlich? Neugierig? Was wird sie wohl denken? Wenn man aus solcher Rücksichtnahme nicht anruft: Muss sie dann nicht den Eindruck haben, man vergesse sie, jetzt, da es ihr schlecht geht? Alle stehen mitten im Leben, während sie alleine zu Hause sitzt. Ist es da nicht hartherzig, nicht anzurufen? Hier hilft es, sich in die Freundin hinzuversetzen: Ist sie froh, mit jemandem plaudern zu können und über ihren Zustand berichten zu dürfen? Ist sie uns dankbar, dass wir an sie gedacht haben? Oder möchte sie gerne in Ruhe gelassen werden? Deutet sie unsere Nachfrage als Neugier oder als Fürsorge? Wenn wir uns in sie hineinversetzen, fragen wir uns nicht nur, ob ihr das Gespräch guttun wird, sondern auch, was sie von uns denken wird.

Bei den guten Worten handelt es sich also nicht nur darum, wie wir gut reden können, sondern auch darum, auf welche Weise wir uns in andere hineinversetzen können, um sie richtig zu verstehen.

Vom guten Verstehen

Wenn man an gute Worte denkt, dann denkt man zuallererst ans Reden. Meist fehlt es jedoch nicht am geschliffenen Mundwerk, sondern an der Fähigkeit zu verstehen, was der andere meint. Ich erwische mich oft dabei, dass ich weniger den anderen zuhöre als überlege, was ich selbst denn sagen könnte oder endlich sagen darf, was mir schon die ganze Zeit auf der Zunge liegt. So geht es erst einmal grundlegend darum, dass ich überhaupt zuhöre und den anderen ernst nehme. Zweitens geht es darum, zu verstehen, was der andere sagt, um überhaupt auf seine Argumente eingehen zu können und nicht an ihm vorbeizureden. Drittens sollte ich mir bewusst sein, welche anderen Botschaften mitschwingen, wenn ich etwas sage. Wenn ich in einer abendlichen Diskussion, die sich um Jazz dreht, das Thema in Richtung Latin Jazz wende und einige biographische Details zu Arturo Sandoval einwerfe: Tue ich dies, weil es eine Antwort auf eine Frage in der Runde ist? Weil es einen neuen Aspekt einbringt, der zum Thema passt? Oder möchte ich – in Jazz sonst wenig bewandert – einfach zeigen, dass auch ich etwas weiß? Zuhören und Verstehen zählen zu den grundsätzlichen Fähigkeiten. Sie sind umso entscheidender, insofern Missverständnisse immer wieder die Quelle von Konflikten sind. Oft sind unterschiedliche Blickwinkel auf das gleiche Thema vorhanden. Wenn wir dann nur unseren eigenen Standpunkt durchpauken wollen, sind die Voraussetzungen für gegenseitiges Verstehen nicht gegeben; man kann dann weder Gemeinsamkeiten noch die Art der Unterschiede erkennen. In schlechter Erinnerung sind mir in dieser Hinsicht nächtliche Party-Diskussionen über Religion. Ob sich da einer für Gott in die Bresche wirft oder die Religion verteufelt: Meist geht es diesen Gästen nicht darum, zu diskutieren, sondern nur darum, Recht zu behalten. Oft fehlt die Fähigkeit zur Perspektivenübernahme. Mit diesem Mammutausdruck wird die Fähigkeit bezeichnet, sich in andere hineinzuversetzen.

Sich hineinversetzen

Gute Zuhörer müssen sich in den anderen hineinversetzen, seine Perspektive übernehmen können. Diese Fähigkeit entwickelt sich nach und nach. Kinder denken aus ihrer Sicht und müssen lernen, was es heißt, die Sicht des anderen zu übernehmen. Die folgende Studie der Salzburger Psychologen Heinz Wimmer und Josef Perner zeigt dies sehr schön: Sie erzählten Kindern die Geschichte von Maxi, der eine Schokolade bekam und diese in den blauen Küchenschrank legte. Danach ging Maxi in den Garten, um zu spielen. Währenddessen kam Maxis Mutter nach Hause, nahm die Schokolade aus dem blauen Schrank und legte sie in den grünen Schrank. Nun kommt Maxi aus dem Garten. Wo glaubt er, dass die Schokolade ist, im blauen oder im grünen Schrank? Die Schwierigkeit der Aufgabe liegt darin, dass das Kind weiß, dass die Schokolade jetzt im grünen Schrank liegt, es sich aber in Maxi hineinversetzen muss, der keinen Schimmer davon hat, dass die Schokolade nicht mehr im blauen Schrank ist, wo er sie hingelegt hat.

Keines der drei- bis vierjährigen Kinder konnte Maxis Perspektive übernehmen: Sie glaubten, dass Maxi die Schokolade im grünen Schrank sucht, wo sie die Mutter hingelegt hat. Im Alter zwischen vier und sechs Jahren entschieden sich 57 Prozent der Kinder für den blauen Schrank, und von den Sechs- bis Neunjährigen waren es immerhin 86 Prozent. Erst ab etwa fünf Jahren scheint ein Kind danach zu entdecken, dass andere Personen anderes sehen und anderes denken als es selbst. Dann erst merkt es, dass Maxi nicht weiß, was es selbst weiß, und er immer noch im blauen Schrank sucht.

Selbst im Erwachsenenalter ist es schwierig, sich in andere hineinzuversetzen. So wurde in einem Experiment Studenten gesagt, sie sollten mit den Fingern einer Hand ein allgemein bekanntes Lied auf den Tisch trommeln. Eine Studentin, nennen wir sie Hanna, entschied sich für «Alle Vögel sind schon da». Das Lied wurde von nur wenigen Mitstudenten erraten, weil ja nur der Rhythmus, nicht aber die Melodie zu hören war. Dennoch überschätzte Hanna die Anzahl derjenigen, die das Lied heraushören würden, bei weitem. Im Gegensatz zu Maxi wusste Hanna, dass andere Menschen anders denken als sie. Der Fluch ist hier der des Wissens: Hanna weiß genau, welches Lied gespielt wird, und kann sich nicht davon lösen, wenn sie beurteilen muss, ob andere dies auch wissen können. Es gibt viele Situationen im Alltag, in denen wir andere falsch einschätzen, weil wir nicht imstande sind, ihre Perspektive zu übernehmen. Lehrer wissen zum Beispiel nicht, was ihre Schüler schon können. Ehemänner wissen nicht, was ihre Frauen fühlen. Wenn ein Freund meine neue Wollmütze bewundert, die ich einem südamerikanischen Händler beim Bahnhof abgekauft habe, dann weiß ich nicht so recht, ob er es wörtlich oder ironisch meint. Ich sehe seinen Gesichtsausdruck und höre, was er sagt; ich sehe aber nicht, was er sich denkt.

Tugend Nummer 4: Klugheit

Wie wird man klug? Klug denken und klug reden bedeutet nicht einfach, viel zu wissen. Auch wenn wir bewundern, was Onkel Valentin alles über das Mittelalter weiß – das macht nur einen Teil dessen aus, was wir klug nennen. Klugheit bedeutet etwa auch, logisch denken zu können, damit wir Lösungen für Probleme finden können, die uns so noch nie begegnet sind.

Ein fundiertes, breites Wissen hilft uns, die Welt zu verstehen und in manchen Situationen angemessen zu handeln. Dazu muss man auch wissen, wie man sich Wissen aus einem Buch am besten aneignet. Gibt es überhaupt eine richtige Art, ein Buch zu lesen? Ja, die gibt es. Die Forschung zeigt, dass viele Leute nicht optimal lesen und ihnen so viel Lesegewinn entgeht. Die Forschung zeigt leider auch, dass Leser meinen, die optimale Strategie zu besitzen, und sich nur schwer überzeugen lassen, es mit einer besseren zu versuchen. Was ist eine gute Lesestrategie?

Eigentlich ist es ganz einfach: Sie sollten jedes Buch so lesen, wie Sie ein Buch über etwas lesen, von dem Sie begeistert sind. Nehmen wir an, Ihr Garten bedeutet Ihnen alles und Sie halten das neueste Sachbuch über Ihr Hobby in Händen. Lesen Sie ein solches Buch von vorne nach hinten? Nein, wohl kaum. Sie verschaffen sich erst mal einen Überblick. Welche Themen werden behandelt? Zu welchen Themen weiß ich bereits etwas? Was gibt es Neues? Vielleicht gibt es eine Zusammenfassung, die Sie lesen können. Wenn Sie ein Thema wirklich interessiert, dann haben Sie auch Fragen: Warum sind mir wohl im letzten Frühling die Radieschen eingegangen? Und warum waren die Pflaumen so sauer? Vielleicht springen Sie gerade zu den entsprechenden Stellen im Buch, von denen Sie sich eine Antwort erhoffen. Sodann kann man sich fragen, was man aus diesem Buch lernen will. Was möchte ich verstehen, was ich bisher nicht verstanden habe? Weiß der Leser, wovon der Text handelt, wird das Lesen ungemein erleichtert.

Nun liest man. Lesen heißt verstehen. Um zu verstehen, kann man Grafiken oder Tabellen nutzen. Wer aktiv liest, der sollte auch weniger abschweifen. Sicher haben Sie schon erlebt, dass Sie eine halbe Seite gelesen haben und Ihnen plötzlich aufgegangen ist, dass Sie die ganze Zeit an etwas anderes gedacht haben. Sollte Ihnen das unterlaufen, gehen Sie zurück und lesen Sie die halbe Seite noch einmal. Haben Sie ein Kapitel zu Ende gelesen, dann sollten Sie sich dessen Inhalt nochmals vergegenwärtigen. Hat das Kapitel Ihre Fragen beantwortet? Haben Sie alles verstanden? Wenn nein, sollten Sie die kritischen Stellen im Kapitel nochmals lesen. Dies gilt nicht nur, wenn Sie ein Buch aus Interesse lesen, sondern ganz besonders, wenn Sie für eine Prüfung lernen. Statt freudlos eine Seite nach der anderen hinter sich zu bringen, sollten Sie sich wie der Hobbygärtner, der ein Buch aus purer Begeisterung liest, einen Überblick verschaffen, durch Fragen Ihr Interesse wecken und sich nach dem Lesen fragen, was der Text Ihnen gebracht hat. Wenn Sie für eine Prüfung lernen müssen, lohnt es sich, den Inhalt nach einiger Zeit zu repetieren. Es gibt also eine kluge Art, sich Wissen anzueignen.

Klugheit besteht nicht zuletzt darin, unterscheiden zu können, in welchen Bereichen man kompetent ist und in welchen nicht. In einigen Fällen stellt sich das Wissen davon sofort ein: Wenn ich Geige spielen will wie Yehudi Menuhin, merke ich in

Sekundenschnelle, dass ich dies nicht kann; es tönt zu falsch. Ähnlich verhält es sich, wenn ich versuche, mein Spanisch hervorzukramen, das ich vor zwei Jahrzehnten mehr schlecht als recht beherrschte: Das ist nicht schlechtes Spanisch, sondern gar kein Spanisch. Wir alle kennen Situationen, in denen wir Rückmeldung über unsere Leistungen erhalten, die wenig schmeichelhaft sind. Dies geschieht etwa, wenn Geschicklichkeit zählt, zum Beispiel beim Stricken oder Jonglieren, oder wenn man über spezielles Wissen verfügen muss, etwa beim Lösen komplizierter mathematischer Probleme oder beim Beherrschen eines Instruments oder einer Fremdsprache.

Was aber, wenn wir keine oder wenigstens keine negative Rückmeldung erhalten? Dann nehmen wir an, dass alles gut läuft und wir kompetent sind. Wenn wir zum Beispiel unsere Ferienerlebnisse zum Besten geben und andere sich langweilen, aber trotzdem freundlich zuhören, dann meinen wir, wir seien spannende Erzähler. In einer Studie aus dem Jahr 1977 mussten Professoren angeben, wie gut ihre Arbeit im Vergleich zu jener anderer Professoren ist. Sage und schreibe 94 Prozent der Professoren glaubten, besser zu sein als der Durchschnitt ihrer Kollegen! Das ist statistisch gesehen ein Ding der Unmöglichkeit: Wenn sich die Professoren realistisch eingeschätzt hätten, dann hätten sie im Durchschnitt nicht besser als 50 Prozent ihrer Kollegen sein dürfen. Damit gehören Professoren wohl zu jener Berufsgruppe, die sich am meisten überschätzt. Warum wohl? Klar: Professoren unterrichten immer für sich allein und können sich nur schlecht mit anderen vergleichen. In jeder Vorlesung sitzen einige, die freundlich nach vorne schauen oder Interesse zeigen, während andere gelangweilt im Stuhl hängen. Aus eigener Erfahrung weiß ich, dass man lieber die anschaut, die interessiert aussehen. Unter diesen Umständen erhalten Professoren keine wahren Rückmeldungen über ihre Leistung im Seminar. Nur kluge Professoren wissen, dass ihr Unterricht wohl weit durchschnittlicher ist, als sie meinen. Oder die in den letzten Jahren eingeführte Bewertung ihrer Lehre durch die Studenten zeigt ihnen, wo sie tatsächlich stehen.

Sich von der besten Seite zeigen

Der britische Künstler Damien Hirst präsentierte eine Installation, mit der er schockieren wollte: In einem Kasten war ein verwesendes Kuhhirn zu sehen, das von Maden zerfressen wurde. Die Betrachter gingen an der Installation vorbei, einige wohl wirklich geschockt, andere gleichgültig, wiederum andere mit viel Ach und Huh. Eine Besucherin erklärte einem befreundeten Kunstkritiker, wie schön sie die Installation fände. Hat sie dies wirklich so gemeint? Oder hat sie einfach das Gefühl gehabt, dass Kunst schön sein müsse und – um nicht als Kunstbanause zu erscheinen – gesagt, dass das zerfressene Kuhhirn schön sei? Wir können dies nicht mehr herausfinden. Uns allen sind aber ähnliche Situationen vertraut, in denen wir uns nicht zu sagen trauen, was wir denken.

Wenn moderne Künstler beabsichtigen, uns zu schockieren, uns die Sinnleere unseres Daseins vor Augen zu führen oder abstrakt mit Farbe und Raum zu experimentieren, dann hat einen schwierigen Stand, wer das Schöne liebt. Es geht mir hier nicht um eine Kritik moderner Kunst, sondern um eine Situation, die sich in Kunstausstellungen oft beobachten lässt: Angesichts der Besucher, die vor mir an den Werken vorbeigehen und diese mit großem Sachverstand bestaunen, stehe ich vor der Wahl, mich als Banause zu blamieren oder eben das Gesicht so in Falten zu legen, dass es Sachkenntnis verrät, auch wenn mir diese abgeht. Dies führt dazu, dass die Besucherin hinter mir – mit ebenso wenig Sachkenntnis ausgestattet wie ich selbst – sich vor das gleiche Dilemma gestellt sieht. Nehmen wir an, sie staunt ebenso kenntnisreich wie ich; schaue ich mich dann um, bekomme ich den Eindruck, dass alle hier Experten sind, nur ich nicht. Die Ausstellungsbesucher überschätzen gegenseitig ihren Sachverstand, was ihre Anstrengungen verstärkt, sich nichts von ihrem Unverstand anmerken zu lassen. Im Kapitel *Warum wir das Gute nicht tun* sind wir dem Fachausdruck für diese merkwürdige Erscheinung begegnet: pluralistische Ignoranz. So wie jeder einzelne junge Mann davon ausgeht, alle anderen hätten ein aktiveres Liebesleben als er selbst, glaubt hier jeder einzelne Ausstellungsbesucher, alle anderen besäßen mehr Sachverstand und Sensibilität.

Kunst ist ein schwieriges Thema; oft können nur Leute mit der nötigen künstlerischen Sensibilität und dem nötigen Wissen über Geschichte und Hintergrund des künstlerischen Werkes dieses so betrachten, dass sie es auch verstehen. Zuzugeben, dass ich keinen Kunstverstand habe, ist da keine Schande. So zu tun, als ob man Sachverstand hätte, führt auch andere Menschen dazu, Sachverstand dort vorzutäuschen, wo es guttäte zu wissen, dass andere auch nichts wissen.

Auch liebe Eltern wollen sich von der besten Seite zeigen und verwenden Formulierungen, die nicht das sagen, was gemeint ist. Als mein ältester Sohn David klein war, konnte ich ihn fragen: «Gehen wir jetzt zu Bett?», und er ist brav mitgekommen. Als ich ihn eines Tages zu Bett bringen wollte, fragte ich ihn wieder, aber diesmal gab er zur Antwort: «Nein.» Sehr lieb zwar, aber doch nein. Ich war etwas verdutzt, stammelte, er müsse aber – und habe von da an nie mehr die Frageform benutzt, wenn ich etwas bestimmen wollte. Denn eine Frage ist eine Frage, und darauf darf man mit ja oder nein antworten. Gerade Kinder verstehen die Dinge so, wie man sie ihnen sagt. Sie verstehen weder Ironie noch Deutungen einer Aussage, die vom Gesagten abweichen. Ein Kind hat keinen Schimmer von solchen Doppelbödigkeiten und ist, damit konfrontiert, hoffnungslos verloren. Auch Erwachsene haben Probleme damit: Vor Jahren machte ich einen Vorschlag zur

Verbesserung meines Arbeitsplatzes, und mein Chef antwortete, die Idee sei interessant. Ich verfolgte die Idee weiter, bis mir klar wurde, was er meinte: Nämlich, ich solle das Vorhaben begraben; sonst hätte er nämlich gesagt, die Idee sei ausgezeichnet, ich solle sie weiterverfolgen. Seither habe ich mir angewöhnt, meinen Studenten und Mitarbeitern klaren Wein einzuschenken.

Ehekiller — und wie man sie austrickst

Wohl die meisten Paare, die heiraten, haben sich einander zuvor von der besten Seite gezeigt. Sie glauben, dass ihre Ehe hält und glücklich wird. Dies ist eine krasse Fehleinschätzung: Obwohl die Ehepartner mit bestem Vorsatz und Willen das Abenteuer Ehe in Angriff nehmen, endet die Hälfte aller Ehen mit der Scheidung – eine Erfahrung, die zu den stressreichsten überhaupt gehört. Wie kommt es dazu?

Eine Forschungsgruppe um den amerikanischen Psychologen John Gottman hat vier Ursachen für das Scheitern einer Ehe identifiziert: erstens ständiges Nörgeln. Natürlich ist es lästig, wenn einen der Partner ständig korrigiert, meint, dass man hier wieder nichts gedacht oder dort das Offensichtliche übersehen habe. Ich denke, wer nörgelt, merkt dies nicht einmal richtig. Obwohl Nörgeln harmlos zu sein scheint, geht der Ehe mit der Zeit die Puste aus. Grundlage der Nörgelei und Kritik ist ja oft die Unzufriedenheit damit, wie der Partner etwas anpackt. Soll es denn verboten sein, das auszusprechen? Mitnichten: Kritik darf angebracht werden, aber locker und vielleicht sogar spielerisch – ohne jedoch spöttisch werden zu dürfen. Es braucht dann nur den guten Willen des Ehepartners, es besser zu machen, oder eine locker vorgebrachte Erklärung, warum es nicht besser geht, und man kann wieder miteinander umgehen.

Zwei weitere Gründe sind Abwehr und Rechtfertigung: Besonders Männer scheinen Probleme aussitzen zu wollen, indem sie am liebsten nicht darüber reden und jeden Versuch der Frau abwürgen, das Problem zu diskutieren. Einige Probleme mögen sich mit der Zeit von selbst lösen; kaum aber dann, wenn es um schlechte Gewohnheiten wie Mangel an Zuwendung, das Erzählen zotiger Witze oder zu großzügigen Umgang mit Geld geht. Wer hier jede Diskussion abwehrt oder sich rechtfertigt und meint, so weitermachen zu können wie bisher, täuscht sich: Selbst wenn die Frau die schlechte Gewohnheit scheinbar duldet, indem sie nichts mehr sagt, verliert die Ehe mit der Zeit an Frische und Schwung. Es ist eine herbe Enttäuschung, wenn man ein Problem offen diskutieren will und nichts erreicht. Tritt dann Nörgeln anstelle von Diskussionsversuchen, wird die Sache noch schlimmer.

Am schlimmsten steht es um eine Ehe, wenn Partner einander verachten und giftige Bemerkungen ausgetauscht werden. Man sieht dann den Partner in einem Licht, das rabenschwarz ist. Alles, was er macht, ist falsch und verachtenswert. Das pure Gegenteil dessen, was einmal war. Das Leben mit dem Menschen, den man geliebt hat und mit dem man sein Leben teilen wollte, wird zur bitteren Enttäuschung.

Ehen können geschieden werden, wenn positive Gefühle füreinander fehlen, und noch eher, wenn negative Gefühle wie Ärger, Bitternis, Verachtung vorhanden sind. Daraus hat John Gottman sieben Prinzipien abgeleitet, die in seinem Buch «Die 7 Geheimnisse der glücklichen Ehe» beschrieben sind. Dazu gehören Vertrautheit miteinander; Zuneigung und Bewunderung füreinander; sich einander zuzuwenden, statt voneinander abzuwenden; das Gespräch suchen, wenn die Beziehung festgefahren ist; einen gemeinsamen Sinn schaffen. Ein weiteres Geheimnis liegt nicht zuletzt darin, Konflikte offen, aber mit Respekt auszutragen; eine Fähigkeit, die nicht nur in der Ehe zählt.

Streit haben ist mühsam: Nicht nur, dass wir Harmonie ver-
missen; wir verbeißen uns in den Streit, denken oft daran,
ärgern uns und lassen uns von Dingen ablenken, die wichtiger
wären. Im Nachhinein merken wir, dass viele Streitereien nicht
nötig gewesen wären oder gar auf Missverständnissen beruh-
ten. Ein solches Missverständnis entsteht etwa, wenn ein ge-
schiedener Mann seine frühere Frau fragt, wie viel Geld auf
dem Sparkonto des Kindes sei, da dieses sich ein Fahrrad kaufen wolle. Sie antwortet wahrheitsgetreu, sie wisse es nicht, er
aber glaubt, dass sie die Information absichtlich verheimliche.
Allgemein haben wir die Tendenz, daran zu glauben, dass unser
Gesprächspartner in einem Streit nicht anders *wolle*, auch dann,
wenn er in Tat und Wahrheit nicht anders *kann*.

Manchmal denken wir, wir müssten von Anfang an klipp
und klar sagen, was unsere Haltung und unsere Interessen sind.
Dies mag den Vorteil haben, dass das Gegenüber ein klares Bild
von unserer Position bekommt, aber diese klare Aussage hat
einen Haken: Wenn unser Gegenüber diese Position nicht teilt,
dann verteidigen wir sie zäh – gar nicht unbedingt um der Sache willen, sondern weil wir Angst haben, das Gesicht zu verlieren, wenn wir die einmal eingenommene Position aufgeben.
Untersuchungen haben gezeigt, dass sich eine Gruppe von Ver-
suchsteilnehmern, die Geschworene spielten, größere Schwie-
rigkeiten hatten, sich auf ein gemeinsames Urteil zu einigen,
wenn sie vorher ihre Ansicht kundtun mussten, als wenn man
direkt in die Diskussion ging, ohne dass jeder bereits Position
beziehen musste. So auch bei Konflikten: Statt von vornherein
Klarheit schaffen zu wollen, ist es dem Frieden oft dienlicher,
eine Sache zu diskutieren, ohne dass jeder laut heraustrompetet,
was er haben will. Wer einmal klipp und klar seine Meinung
gesagt hat, meint, er könne nicht mehr zurückweichen und hält
länger an seiner Meinung fest, als dies der Sache guttut.

Wir gehen davon aus, dass es nur zwei Möglichkeiten gibt, einen Streit zu beenden: sich durchzusetzen oder nachzugeben. Beide Strategien haben ihre Nachteile: Wenn ich mich durchsetzen will, dann muss der andere nachgeben. Tut er dies nicht, geht der Konflikt in die nächste Runde. Selbst wenn er nachgibt und ich gewinne, bin ich nicht immer glücklich: Ich merke, dass der andere im einen oder anderen Punkt recht hatte. Der Triumph schmeckt manchmal bitter.

Wenn wir nachgeben, dann mögen wir zunächst erleichtert sein, weil der Streit zu Ende ist. Aber nach und nach beschleicht uns das Gefühl, über den Tisch gezogen worden zu sein; dass wir in diesem und jenem Punkt doch recht hatten. Eine Variante, einen Konflikt zu lösen, ist ein Kompromiss: Ich gebe in diesem Punkt nach, wenn du in jenem Punkt nachgibst. Dies ist schon besser als durchsetzen oder nachgeben. Allerdings können solche Kompromisse eher die jeweiligen persönlichen Interessen widerspiegeln, statt der Sache gerecht zu werden.

Stellen wir die Sache statt Personen ins Zentrum, dann ergibt sich ein anderer Ausweg aus einem Konflikt: prinzipienorientiertes Verhandeln. Man tritt sozusagen aus sich selbst heraus und versucht, sich aus der Sicht eines neutralen Dritten zu sehen. Was ist die beste Lösung? Nach welchen Prinzipien würde ich als unbestechlicher Richter entscheiden? Hat man als Mieter mit seinem Vermieter Streit, kann man nachschlagen, was das Gesetz sagt, und den Rat einer Mietschlichtungsstelle einholen. Stellt sich heraus, dass man den Kürzeren ziehen würde, gibt man nach, selbst wenn das ärgerlich ist.

Wenn zwei Streit haben, die wir mögen, dann wollen wir schlichten. Aber wie? Wenn wir finden, der eine der beiden Streithähne habe Recht, dann sind wir versucht, auf seiner Seite zu stehen. Es zeigt sich aber, dass wir keine guten Schlichter sein können, wenn wir Partei ergreifen. Im Gegenteil, statt dass nun zwei miteinander Streit haben, gesellt sich ein Dritter dazu. Versuchen nun alle, die schlichten möchten, die eine oder andere Seite davon zu überzeugen nachzugeben, nimmt der Konflikt Ausmaße an, die sich keiner vorgestellt oder gewünscht hat. Besser ist es, Außenstehender zu bleiben. Das heißt nicht, dass man nichts tut, sondern dass man keine Partei ergreift und versucht, beide Seiten zu verstehen, ernst zu nehmen und gemeinsame Interessen der beiden Streithähne herauszufinden.

Lügen

Lügen haben kurze Beine, sagt der Volksmund. In einer Hinsicht stimmt dies sicher nicht: Man bemerkt es kaum, wenn jemand lügt. Untersuchungen zeigen, dass wir nicht in der Lage sind, überzufällig oft Lügen zu erkennen. Die Einzigen, die dazu imstande waren, waren CIA-Agenten; und die sagen nicht, wie sie es machen. Meistens nehmen Personen die Unsicherheit eines anderen als Anzeichen dafür, dass er lügt: Wer flüssig und ohne Zögern spricht, von dem glauben wir, dass er die Wahrheit sagt. Wer beim Sprechen zögert und unsicher wirkt, von dem glauben wir, dass er lügt.

Beides muss nicht stimmen: Es gibt Leute, die es immer wieder schaffen, andere zu betrügen, indem sie mit der größten Selbstverständlichkeit die größten Lügen auftischen. Im Mittelalter gab es Schwindler, die in eine Stadt gingen und sich als Kaiser ausgaben. Manchmal wurde der Schwindel aufgedeckt, und die Schwindler wurden mit Schimpf und Schande davongejagt; manchmal gelang der Schwindel, und die Aufschneider wurden mit allen Ehren empfangen. Die Oberen der Stadt befanden sich in einer delikaten Lage: Sie konnten ja das Foto des Kaisers nicht aus dem Internet herunterladen und mit dem Gesicht desjenigen vergleichen, der behauptete, Kaiser zu sein. Jagten sie den Kerl mit Schimpf und Schande davon und es war der Kaiser, dann hatten sie mit einer satten Strafe zu rechnen. Ließen sie den Aufschneider gewähren, so verursachte das

Kosten, ohne dass diese Gastfreundschaft der Stadt einen Nutzen gebracht hätte.

Auf der anderen Seite bedeutet Unsicherheit nicht unbedingt, dass jemand lügt. Als ich in Frankreich lebte, ging ich in einen Supermarkt einkaufen. Nachdem ich bezahlt hatte, wollte ich den Supermarkt verlassen – und da ging der Diebstahlalarm los. Die Frau an der Kasse sagte, ich solle warten, bis der Warenhausdetektiv komme; ich schaute mich nervös um: wenigstens niemand, der mich kannte! Der Warenhausdetektiv kam, ein junger, freundlicher Typ, und führte mich in ein Büro, wo wir alleine waren. Er fragte mich, um was es gehe; ich stammelte, ich hätte nichts gestohlen. Ich bin sicher, das sah so niedergedrückt und schamvoll aus, dass der Detektiv denken musste, ich würde lügen. Der junge Warenhausdetektiv hatte Erfahrung: Er fand heraus, dass mein Rucksack den Alarm ausgelöst hatte, öffnete ihn, sah meinen alten Elektronenrechner und entfernte ein Magnetband von der Innenseite seines Deckels. Das sei leider ein häufiges Problem, sagte er und geleitete mich lächelnd hinaus. Zum Glück musste er nicht auf Grund meiner Unsicherheit beurteilen, ob ich etwas gestohlen hatte!

Die obigen Beispiele zeigen, dass wir nicht erkennen können, ob jemand lügt. In der Tat weiß man, dass die Selbstsicherheit, mit der eine Antwort gegeben wird, praktisch nichts über deren Wahrheit aussagt.

In zwei anderen Hinsichten jedoch dürften Lügen tatsächlich kurze Beine haben. Erstens lässt sich die Wahrheit einer Aussage oft anhand von Tatsachen überprüfen. Hätte ich tatsächlich gestohlen und dann gelogen, hätte es der Warenhausdetektiv nach wenigen Minuten herausgefunden. Ähnliche Erfahrungen machten Dopingsünder, die behaupteten, sie hätten eine weiße Weste. Außerdem frisst Lügen Denkressourcen auf: Wer ein Lügengebäude errichtet, muss sich daran erinnern, wem er was erzählt hat. Kriegt er dies nicht auf die Reihe, dann fällt sein Lügengebäude zusammen wie ein Kartenhaus.

Zwei Mönche waren einst Novizen in demselben Kloster. Sie waren gute Freunde und liebten es, zusammen Zigarren zu rauchen. Nach ihrer Mönchsweihe wurden sie zwei unterschiedlichen Klöstern zugeteilt, die etwa eine Tagesreise voneinander entfernt lagen. So fassten sie den Entschluss, sich jedes Jahr an einem bestimmten Tag in der Mitte zwischen den beiden Klöstern zu treffen, um Zigarren zu rauchen und zu beten. Einige Jahre ging das gut. Doch dann bekamen sie Gewissensbisse und fragten sich, ob es wohl einem Mönch erlaubt sei, Zigarren zu rauchen. Sie verabredeten, dass jeder dem Papst einen Brief schreibe, die Situation schildere und ihn frage, ob das Rauchen von Zigarren erlaubt sei. Im darauffolgenden Jahr trafen sich die beiden wieder, der eine mit Zigarre im Mund, der andere ohne. Fragt der ohne Zigarre: »Hör mal, hast du nicht dem Papst geschrieben?» Antwortet der andere: «Doch, und du?» «Ja», sagt der ohne Zigarre, «ich habe ihm die Situation geschildert und ihn gefragt, ob es erlaubt sei, neben dem Beten Zigarren zu rauchen. Da hat er geantwortet, dass sich dies nicht ziemt und wir gefälligst damit aufhören sollen. Was hat er denn dir geschrieben?» Da antwortete der andere: «Ich habe ihm die Situation geschildert und ihn gefragt, ob es erlaubt sei, neben dem Zigarrenrauchen zu beten. Da hat er geantwortet, ja, das sei brav, wir sollen nur so weitermachen.»

Dieser Witz zeigt, wie die Fragestellung die Antwort formen kann. Politiker sind Meister darin, durch Fragen die Antworten vorwegzunehmen. Ein prägnantes Beispiel dafür ist der Irak-Krieg: «Glauben Sie wirklich, dass es gut ist, wenn Saddam Hussein Massenvernichtungswaffen hat?» Gerade die Gründe für den Irak-Krieg sind ein Musterbeispiel dafür, wie Sprache manipuliert wurde, wie Vermutungen Tatsachen schufen, die sich im Nachhinein als falsch herausstellten: Die vermuteten Massenvernichtungswaffen wurden bis heute nicht gefunden. Wir alle haben schon versucht, mit suggestiven Fragen oder Argumenten uns einen Vorteil zu verschaffen: «Schatz, ich habe einen knallharten Job; weißt du, wie müde ich bin? Glaubst du, da kann ich noch die Kinder ins Bett bringen?» Oder meine Tochter Viviane: «Papa, der Eric hat ein Stück Schokolade bekommen, nur weil er die Schuhe richtig binden konnte; ich habe hingegen gestern eine Stunde Mathe gebüffelt; wäre es nicht gerecht, dass ich auch eines kriege?» Sie hat es bekommen.

Oft braucht man nur an Vorurteile anzuknüpfen, um zu manipulieren: Das Totschlagargument gegen die Ausführungen eines Politikers lautet: «Sie sind ein Politiker, kann ich Ihnen da glauben, was Sie sagen?» Einem Professor hingegen wirft man nicht mangelnde Wahrhaftigkeit, sondern mangelnden Praxisbezug vor. Vielleicht am schönsten hat dies Gerhard Schröder im Bundestagswahlkampf 2005 vorexerziert, als er die Steuerpolitik der Opposition mit einem schnoddrigen «dieser Professor aus Heidelberg» niedermachte und so den sicher geglaubten Wahlerfolg der CDU in Gefahr brachte.

Eine dritte Art der Manipulation können wir beim Verbreiten von Gerüchten beobachten: Wenn eine Firma am Montag herausfindet, dass Geld in der Kasse fehlt, ohne dass der Diebstahl aufgeklärt wird, so kann ein Kollege eine Woche später beiläufig erwähnen: «Der Wolfgang ist fast jedes Wochenende im Büro; dabei hat er doch Familie»; oder: «Der Wolfgang liebt den Luxus; hast du seinen neuen Wagen gesehen?» Die Aussagen sind nicht bei einer Diskussion über den Diebstahl erfolgt und haben vordergründig nichts damit zu tun. Trotzdem sitzt der Diebstahl noch allen in den Knochen, so dass es nicht verwunderlich ist, wenn der eine oder andere auf den Gedanken kommt: Könnte es nicht der Wolfgang getan haben, als er am Wochenende im Büro war? Oder: Woher hat Wolfgang all das Geld? Beginnen die Zweifel erst einmal zu nagen, dann dreht man die Sache hin und her: Hat nicht der Wolfgang einmal geklagt, wie ungerecht sein Lohn sei, bei der Arbeit, die er leistet? Hat er nicht ein- oder zweimal um einen Vorschuss gebeten? Einige nebensächliche Bemerkungen und Ereignisse erhalten auf diese Weise großes Gewicht, so dass wir uns bald fragen: Wer außer Wolfgang kann es gewesen sein? Kommt später heraus, dass ein anderer das Geld gestohlen hat, dann nehmen wir den Gedanken zurück, dass es Wolfgang war; wir nehmen aber nicht all jene Gedanken zurück, die wir uns gemacht haben, um zu erklären, warum er das Geld gestohlen haben könnte. Auch wenn er reingewaschen ist – es bleibt etwas hängen. Hätte der Diebstahl nicht stattgefunden, würden wir Wolfgang für ehrlicher halten als nach dieser ganzen Geschichte mit all den Gedanken, die wir uns gemacht haben.

Da wir Manipulationsversuche nie aus der Welt schaffen können, müssen wir sie erkennen, um uns nicht auf eine Art beeinflussen zu lassen, die wir nicht wollen. Als Sprecher hingegen sollten wir versuchen, zu sagen, was wir meinen.

Der Druck der Gruppe

Als Fidel Castro in Kuba ein kommunistisches Regime errichtete, wurde es der Regierung Kennedy mulmig. Sie empfand den Kommunismus vor der eigenen Haustür als Bedrohung. Sie wollte die Regierung Castro stürzen und ein der USA freundlich gesinntes Regime installieren. Präsident John F. Kennedy bildete ein Komitee, weil die anstehende Aufgabe zu komplex war, um sie einer einzelnen Person zu überlassen: Es ging um den Plan der CIA, eine Invasion Kubas durch 1400 Exilkubaner zu unterstützen. Der Präsident versammelte eine Gruppe der besten politischen Experten, um über diese Möglichkeit zu beraten. Die Gruppe entschied sich für die Invasion und bestimmte auch den Ort: die Bahía de Cochinos — die Schweinebucht.

Die Invasion war eine komplette Katastrophe. Das Komitee war davon ausgegangen, die kubanische Armee sei desorganisiert, schlecht ausgerüstet und klein. Aber binnen weniger als 24 Stunden wurden 200 Invasoren getötet, die restlichen 1200 Exilkubaner innerhalb kurzer Zeit gefangen genommen. Die Mitglieder des Komitees wunderten sich in den nächsten Monaten, wie kurzsichtig sie gewesen waren, und fragten sich: Was ist falsch gelaufen?

Man hat herausgefunden, dass Gruppen, die Entscheidungen treffen müssen, meistens nicht optimal funktionieren, vor allem wenn es darauf ankommt, gegen einen Widersacher vorzugehen. Man nannte dies «Gruppendenken». Was macht Gruppendenken aus? Oft fängt es mit Gruppendruck an: Ein wesentlicher Aspekt im Leben einer Gruppe ist der Kampf um Übereinstimmung. Bei Gruppendenken wird aber durch Gruppendruck Einigkeit künstlich erzeugt. Es gibt keine Toleranz für Gegenmeinungen, Kritiker werden zurechtgewiesen. Dies geschah auch mit Kritikern des Komitees von Präsident Kennedy. Daraus entsteht Selbstzensur, die dazu führt, dass kritische Ideen nicht geäußert werden. Kritische Anmerkungen behält man für sich, um den Eindruck von Einigkeit innerhalb der Gruppe nicht zu stören und um nicht anzuecken. So schrieb der amerikanische Historiker und Kennedy-Berater Arthur Schlesinger später: «In den Monaten nach der Schweinebucht-Invasion machte ich mir bittere Vorwürfe, dass ich während der entscheidenden Diskussionen im Kabinettraum so ruhig blieb, obwohl meine Schuldgefühle gedämpft wurden durch das Wissen, dass mir Widerstand nichts gebracht hätte, außer den Ruf eines Störenfrieds.»

Im Komitee, das die Kuba-Invasion erörterte, sorgten selbst ernannte Hüter (Mindguards) dafür, dass unangenehme Informationen nicht in die Diskussion einflossen. Robert Kennedy hielt Memoranden von Schlesinger und Fulbright zurück, die sich gegen den Plan aussprachen. Außenminister Rusk unterdrückte Information seines eigenen Stabes. Als Rusk nicht selbst an einer Sitzung teilnehmen konnte, schickte er Unterstaatssekretär Chester Bowles. Dieser war erschrocken über den Plan, aber Präsident Kennedy sorgte dafür, dass er während der Sitzung nie zu Wort kam. Bowles nutzte nun amtliche Kanäle, um seine kritische Einstellung kundzutun, aber Rusk sorgte dafür, dass diese Meinung dem Komitee nicht bekannt wurde, und erzählte Bowles, die Pläne seien revidiert worden. Einige Wochen nach der Niederlage in der Schweinebucht wurde Bowles gefeuert. Immer wieder suchte die Gruppe nach Informationen, die ihre Ansichten bestätigten, und ließ Informationen außer Acht, die zu mehr Vorsicht gemahnt hätten.

Bei dieser einseitigen Information war es kein Wunder, dass die Komitee-Mitglieder untereinander anscheinend einig waren, dass der Plan der CIA zur Invasion Kubas der einzig taugliche sei. Obwohl mehrere Mitglieder des Komitees dem Plan kritisch gegenüberstanden, tauchten nie Zweifel an dessen Durchführbarkeit auf. Einigkeit in Sachfragen wurde betont, Uneinigkeit heruntergespielt. Eine gute Gruppenatmosphäre war angenehmer als unerfreuliche Dispute. Diese angenehme Atmosphäre verleitete die Mitglieder des Komitees zur Annahme, produktiv zu sein, obwohl sie es nicht waren. Hinzu kam, dass Gruppendenken zu einer Illusion der Unverwundbarkeit führte: Man glaubte, dass die in der Gruppe gefällten Entscheidungen praktisch unfehlbar seien und größere Urteilsfehler nicht vorkommen könnten. Ein solches Gefühl mag Sport-Teams oder Kampfeinheiten helfen, ihre Ziele zu erreichen, sie behindern aber analytisches Denken in Gruppen, die Entscheidungen zu fällen haben.

Erschwerend kommt noch hinzu, dass dabei auch die Moral unter die Räder kommt. Gruppen sind zwar zu hohen Standards moralischen Denkens fähig. Bei Gruppendenken ist dies allerdings nicht der Fall. So wurde im Komitee kaum darüber diskutiert, dass die Invasion eines praktisch wehrlosen

Landes durch eine Supermacht als moralisch verwerflich angesehen werden könnte. Die Entscheidungsträger begnügten sich damit, die Verteidigung der Demokratie zu beschwören, was auch Mittel rechtfertigte, die unter anderen Umständen als fragwürdig gegolten hätten. Heute hören wir ähnliche Argumente, wenn es darum geht, ob Terrorverdächtige in geheimen Gefängnissen gefangen gehalten oder gar gefoltert werden dürfen.

Schließlich verleitet Gruppendenken zu Wunschdenken: Die Mitglieder des Komitees glaubten, Castro sei ein schwacher Führer, ein bösartiger Kommunist, zu dumm, um zu merken, dass sein Land nächstens angegriffen werde. Man glaubte, er könne keine Luftwaffe unterhalten und habe keine Kontrolle über Truppen und Bürger. Die Wahrnehmung war derart verzerrt, dass man gegen eine Armee von 200 000 Mann 1400 Exilkubaner losschickte und an einen leichten Erfolg glaubte. Die Gruppenmitglieder wollten Castro als einen wirkungslosen Führer und Offizier sehen, was sich aber als Wunschdenken erwies.

Alle genannten Denkfehler als Gruppe mündeten in krassen Fehlern im Entscheidungsprozess: Man schenkte nur der Alternative – Invasion in der Schweinebucht oder Kommunismus in Kuba – Beachtung, ohne Zwischenlösungen in Betracht zu ziehen. Als man dann die Details der Operation besprach, verlor man die übergreifende Zielsetzung aus den Augen. Schließlich lag keine Eventualplanung für jene ebenfalls möglichen Ergebnisse der Invasion vor, die nicht der optimistischsten Annahme entsprachen.

Soweit die Symptome von Gruppendenken. Was aber sind die Ursachen? Es lassen sich vier unterscheiden: Die erste ist Gruppenzusammenhalt: Die Mitglieder des Komitees von Kennedy waren stolz, einer Gruppe anzugehören, die einen guten Zusammenhalt und eine gute Moral besaß. Das Wir-Gefühl wurde in einem Maße kultiviert, bis die Gruppe glaubte, nichts könne sie stoppen. Zweitens die Isolation der Gruppe: Das Komitee tagte geheim. Je weniger Leute davon wussten, desto besser. Die Schlussfolgerungen und Entscheidungen mussten niemandem vorgelegt werden, es wurde keine Rechtfertigung verlangt, zum Beispiel vom Kongress oder vom Senat, so dass mögliche Korrekturen ausblieben. Drittens die straffe Führung der Sitzungen. Sie waren sehr formell, wie Kabinettssitzungen, und folgten einem starren Protokoll. Der Präsident war im Prinzip frei, auch eine freie Diskussion zu ermöglichen. Kennedy legte aber zu Beginn jeder Sitzung seine Meinung dar, mit der Folge, dass sich weniger Kritiker zu Wort meldeten; zudem unterdrückte Kennedy die Äußerung kritischer Meinungen. Schließlich kam der Entscheidungsdruck hinzu: Vor allem bei sehr wichtigen Entscheidungen ist die Unsicherheit in der Gruppe dann am geringsten, wenn eine Entscheidung schnell getroffen werden kann.

Präsident Kennedy nahm die Niederlage in der Schweinebucht nicht auf die leichte Schulter. In den folgenden Monaten analysierte er die fehlerhaften Entscheidungsabläufe und baute Korrekturen ein. Im Oktober 1962, also nur einige Monate nach dem Fiasko in der Schweinebucht, folgte die Kuba-Krise, die die Welt an den Rand eines Atomkrieges brachte. In dieser Krise zeigte Kennedys Komitee, das weiterhin aus praktisch den gleichen Personen bestand, in demselben Raum tagte und von denselben Leuten geführt wurde, dass es etwas gelernt hatte: Die Amerikaner konnten den Abzug sowjetischer Raketen aus Kuba durchsetzen.

Mit den folgenden drei Maßnahmen ließ sich das zuvor herrschende Gruppendenken überwinden oder zumindest einschränken. Erstens wurde der Versuchung widerstanden, früh Einigkeit zu erzielen. Die Angelegenheit wurde zuerst in Untergruppen diskutiert, in denen auch untergeordnete Chargen die Gelegenheit hatten, ihre Meinung zu äußern. Der Entwicklung einer Gruppennorm, die Konformität zur Regel machte, wurde während der Kuba-Krise keine Chance gegeben. In der Tat war sich zum Beispiel das Komitee zur Bewältigung der Kuba-Krise bis zum Schluss nicht hundertprozentig darüber einig, ob sowjetische Schiffe angehalten und zur Umkehr gezwungen werden sollten. Präsident Kennedy änderte seinen Führungsstil in den folgenden Punkten:

- Er hielt seine eigene Meinung am Anfang zurück und wartete, bis andere ihre Meinung geäußert hatten.
- Er verlangte die volle, unverzerrte Diskussion der Argumente, die für und gegen jede einzelne Handlungsoption sprachen.
- Er überzeugte seine Untergebenen, dass konstruktive Kritik willkommen sei und «Ja sagen» verpönt.
- Er veranlasste, dass sich die Gruppe verschiedentlich ohne ihn traf.
- Schließlich ermutigte er einzelne Mitglieder, die Rolle eines «Advocatus Diaboli» zu übernehmen.

Zweitens konnten Wahrnehmungsverzerrungen vermieden werden. Die Teilnehmer waren sich dessen bewusst, dass etwas getan werden musste, dass dies aber eine schwierige Aufgabe sei, die kritisches Abwägen verlangte. Sie brachten bei jedem Entscheidungsschritt Zweifel vor und sorgten sich, wenn sie eine Frage nicht beantworten konnten. Keine Spur von Überheblichkeit: Die Amerikaner wurden nicht größer und die Russen nicht kleiner gemacht, als sie waren. Man war sich des Risikos von Fehleinschätzungen bewusst und ließ deshalb alle Informationen prüfen. Für einzelne Fragen wurden Experten hinzugezogen, die nicht Mitglieder des Komitees waren. Es wurden Eventualpläne für alle möglichen Ergebnisse entworfen, auch für den Fall einer Niederlage. Schließlich wurden die eigenen Handlungen auch auf ihre Moral hin überprüft: Entsprachen sie Amerikas humanitären Idealen?

Drittens verwendete man wirksame Entscheidungstechniken. Am Anfang der Kuba-Krise waren viele Mitglieder des Komitees für eine militärische Intervention. Einige forderten aber, dass man Alternativen berücksichtigte. Daraus entstand folgende Liste von Optionen:

- Nichts tun;
- Druck auf die Sowjetunion via UNO;
- Gipfeltreffen zwischen den Führern der Großmächte;
- Geheimverhandlungen mit Fidel Castro;
- Marineblockade der kubanischen Häfen;
- Bombardierung der kubanischen Raketenstellungen mit kleinen Granaten, um die Raketen funktionsuntüchtig zu machen;
- Bombardierung der Stellungen mit Vorwarnung, um Verluste zu minimieren;
- Bombardierung ohne Vorwarnung;
- Eine Serie von Angriffen auf alle Militäreinrichtungen Kubas;
- Invasion Kubas.

Es gab also ein ganzes Spektrum von Handlungsmöglichkeiten und nicht nur die Alternative Untätigkeit oder Invasion. In der Tat fiel die Entscheidung dann zugunsten der Blockade kubanischer Häfen mit der Marine, was zu einem Erfolg der USA führte.

In unserem Alltag müssen wir uns glücklicherweise nicht mit Raketenstellungen beim Nachbarn oder im Betrieb befassen. Wir haben im Kapitel über das Lösen von Konflikten gesehen, wie wichtig es ist, nicht am Anfang das Maximum zu verlangen und dann darauf zu beharren; dass man versucht, aus sich herauszugehen und die Sicht eines unbeteiligten Dritten einzunehmen. Mit anderen Worten, dass man sich Optionen auf eine Weise offenhält, dass ein Kompromiss keinen Gesichtsverlust bedeutet. Im Fall der Kuba-Krise haben wir einen weiteren Aspekt kennen gelernt: Wir glauben nämlich oft, dass es besser sei, eine Entscheidung in Gruppen zu fällen als alleine – da mehr Köpfe bessere Ideen hätten. Das stimmt so leider nicht. Die Geschichte zeigt, dass Menschen in Gruppen nicht sehr tapfer sind und erst einmal abwarten, was der Leithammel sagt, bevor sie selbst Stellung nehmen. Dies führt dann dazu, dass die Entscheidungen des Chefs abgenickt werden, auch dann, wenn sie kritisch hinterfragt werden sollten.

Tugend Nummer 5: Tapferkeit

Ich will hier nicht von jener Sorte Tapferkeit sprechen, bei der wir für ein höheres Gut unser Leben opfern. Wir brauchen diese Art von Tapferkeit in unserer Gesellschaft sehr selten; dafür dürfen wir dankbar sein. Es ist aber schon erstaunlich, was für Feiglinge wir in Dingen sind, die weit weniger Mut erfordern und mit geringen Risiken verbunden sind. Jemandem, der einen Plastikbecher auf den Gehsteig wirft, sagen, dass er seinen Müll im dafür vorgesehenen Behälter entsorgen soll? Man weiß ja nie, wie der Typ reagiert. Einer Lehrerin sagen, dass ihr Unterricht hinter dem Lehrplan herhinkt? Da riskiert man womöglich, dass sie dem eigenen Sohn schlechte Noten gibt. Der Firmenleitung melden, wenn man merkt, dass für Bauaufträge Bestechungsgelder fließen? Da riskiere ich den Job und erreiche doch nichts. So jedenfalls unsere Rechtfertigungen für unser Nichtstun. Unsere Gesellschaft ist aber darauf angewiesen, dass Personen den Mut aufbringen, den Mund aufzutun. Wird der Abfall regelmäßig auf dem Gehsteig entsorgt, ohne dass jemand reagiert, dann wird der Gehsteig nach und nach zur Müllkippe. Ist der Gehsteig einmal verschmutzt, dann merken die Fußgänger, dass andere auch zu faul sind, ihren Müll zum nächsten Mülleimer zu tragen, und geben sich deshalb auch keine Mühe mehr. Was soll eine Lehrerin, die Mühe hat, mit dem Stoff durchzukommen, sich noch lange anstrengen, wenn es sowieso allen gleichgültig zu sein scheint? Und indem alle zur Korruption im eigenen Betrieb schweigen, wird diese nachgerade zur Firmenkultur, wie schockierende Enthüllungen immer wieder belegen.

Was uns oft fehlt, ist der Mut, das auszusprechen, was gesagt werden muss. Wir warten zu, bis sich ein anderer vorwagt. Nach einer Sitzung, einer Diskussion oder einem Telefongespräch wurmt es uns, dass wir nicht das ausgesprochen haben, was wir meinen. Könnten wir doch die Zeit um ein paar Stunden zurückdrehen. Oder wir vertrösten uns auf das nächste Mal. Manchmal winden wir uns und formulieren unsere Ansicht auf eine Weise, dass sie der andere so verstehen könnte, wie wir gerne möchten, ohne richtiggehend auszusprechen müssen, was Sache ist. Wir haben dann den Trost, etwas getan zu haben, und können die Schuld dem andern in die Schuhe schieben, der es nicht hören wollte.

Oft ist es uns peinlich, wenn wir jemandem eine Bitte abschlagen müssen. Ein neuer Kollege fragt uns, ob wir Zeit auf einen Kaffee hätten; das erste Mal freuen wir uns und sagen ja. Allerdings langweilen uns seine Ausführungen über Segeln und schnelle Autos. Nach einer Woche fragt er uns wieder, ob wir Zeit auf einen Kaffee hätten. Wir sagen, wir hätten noch etwas zu erledigen; das nächste Mal kramen wir eine andere halbwegs plausible Ausrede hervor. Dann finden wir, dass wir nicht so schroff sein dürfen und gehen wieder auf einen Kaffee mit. So geht dies nun wochenlang weiter; wir sind hin- und hergerissen: Einerseits langweilen uns seine Ausführungen, auf der anderen Seite finden wir kein Mittel, ihm dies klarzumachen.

Wir finden es zu grob, dem Kollegen ins Gesicht zu sagen, dass wir sein Geschwätz nicht mögen. Wir arbeiten mit ihm zusammen, müssen mit ihm auskommen und können ihn nicht vergrätzen. Also gehen wir mit dem Kollegen nicht immer, aber hie und da Kaffee trinken. Dabei hoffen wir, dass er von selbst drauf kommt, dass wir nicht mit ihm Kaffee trinken wollen. Das wird allerdings kaum klappen: Es zeigt sich, dass eine Belohnung, die ab und zu gegeben wird, besser wirkt, als wenn man jedes Mal belohnt.

Wenn wir mit einer Person nicht Kaffee trinken möchten, dann müssen wir konsequent nein sagen. Wir können freundlich erwähnen, dass wir allgemein keine Zeit zum Kaffee trinken hätten oder lieber etwas früher nach Hause gingen, um mit den Kindern zu spielen. Sobald wir schwach werden und ausnahmsweise doch mit ihm gehen, belohnt dies sein Nachfragen; da er nun sowieso mit einigen Ablehnungen rechnet, wird er kaum aufhören zu fragen. Nun ist auch das nicht gerade mutig: Wenn er uns am nächsten Tag mit einem anderen Kollegen Kaffee trinken sieht, wird er enttäuscht sein. Warum also nicht einfach sagen, dass wir kein Interesse am Segeln haben und uns bei schnellen Autos nicht auskennen?

Dieselbe Logik gilt für eine weite Palette von Fragen, bei denen man ab und zu nachgibt: «Mama, kaufst du etwas Süßes?» «Chef, ich brauche Vorschuss!» «Könnten Sie mir 50 Euro leihen?» Wollen wir solche Fragen nicht mehr hören, müssen wir den Mut haben, konsequent nein zu sagen – und dies ohne Ausnahme durchhalten.

Uns fehlt nicht nur oft der Mut, das zu sagen, was wir meinen, sondern auch nach unserem Gewissen zu handeln. Lieber tun wir nichts, als uns die Finger zu verbrennen. Lieber gehorchen wir, statt aufzumucken und Zoff zu riskieren. Am besten machen wir es so, wie es die anderen auch tun, statt mit guten Taten ein Beispiel zu setzen.

Die guten Taten

Besser nichts tun?

Eine Familie, nennen wir sie Schneider, hat ein niedliches kleines Baby, Martin. Sie stehen vor einem Dilemma: Sollen sie Martin gegen Röteln, Masern und Keuchhusten impfen lassen? Die Ärztin hat sie informiert, dass diese Impfung einen sehr guten Schutz gegen diese Krankheiten bietet, die für ein Kind in seltenen Fällen tödlich sein können; die Impfung hingegen hat eine sehr seltene, aber tödliche Nebenwirkung. Die Schneiders entscheiden sich, Martin nicht impfen zu lassen: Zu sehr würde es sie plagen, wenn Martin an den Nebenwirkungen der Impfung sterben würde. Und wenn er an Keuchhusten stürbe? Der Tod des Kindes wäre schmerzlich, aber sie hätten sich zumindest weniger Vorwürfe zu machen, da sie ja nicht aktiv zum Ausbruch des Keuchhustens beigetragen hätten. In der Vorstellung der Schneiders – und vieler anderer Eltern – wäre es weit schlimmer, wenn das Kind an der Impfung sterben würde, die man für das Kind aktiv gewollt hat, als an Keuchhusten, den man passiv hinnehmen musste. Wenn man nichts getan hat, so die Logik, trägt man weniger Schuld, wenn etwas schiefgeht, als wenn man aktiv dazu beigetragen hat. Für die Impfung muss man sich aktiv entscheiden; der Keuchhusten kommt einfach. So gibt es immer wieder Eltern, die ihr Kind nicht impfen lassen, obwohl die Wahrscheinlichkeit viel größer ist, dass das Kind an einer der Krankheiten stirbt, gegen die die Impfung wirkt, als an der Impfung selbst. Geht man rein nach den Wahrscheinlichkeiten, lässt man das Kind impfen, wohl wissend, dass es schiefgehen kann. Das wäre schrecklich, fürchterlich; aber Vorwürfe bräuchte man sich keine zu machen.

In einem Sitzungsraum des Topmanagements in Norwegen. Die Ölfirmen Norsk Hydro und Statoil fusionieren. Der Aufsichtsrat von Hydro bewilligt sich Millionenabfindungen als Trost dafür, dass sie nun die zweite Geige spielen müssen. Als die Presse dies aufdeckt, geht ein Sturm der Entrüstung durch das Land. Aber: Im Aufsichtsrat saßen auch Arbeitnehmervertreter – warum haben die geschwiegen? Die Begründung lautete, dass man keine Unruhe in die Sache bringen wollte. Man hat also nichts getan, nur um seine liebe Ruhe zu haben. Wir haben im Abschnitt *Der Druck der Gruppe* gesehen, wie man Mitglieder eines Ausschusses dazu bringen kann zu schweigen, statt auszusprechen, was sie meinen.

In einer Arztpraxis auf dem Lande: Der Versicherungsangestellte Ralf Haigis zeigte vor einigen Monaten der Ärztin einen Knoten unter der Haut, vor dem er Angst hatte, dass es Krebs sein könnte. Sie winkte ab und meinte, das seien Verkalkungen (oder was auch immer), von denen hätte sie über zwei Dutzend unter ihrer Haut. Ralf Haigis verlässt die Praxis und bereut, die Ärztin mit einer solchen Banalität belästigt zu haben. Da ist es ihm nun peinlich, ihr einen dunklen, nahezu schwarzen Hautfleck mit wenigen hellen Bereichen zu zeigen. Vielleicht zieht sie wieder ihren Ärmel hoch und zeigt ihm zwei Stellen, an denen sie das auch hat. Einmal nimmt er sich vor, sie heute von der Arbeit aus anzurufen. Aber dann geht ihm die Arbeit gerade so gut von der Hand, und er lässt den Anruf bleiben. So zögert er den Arztbesuch hinaus, bis ihn seine Frau und seine Freunde drängen, endlich zum Arzt zu gehen – zu spät. Er bereut, nichts getan zu haben.

Studien zeigen, dass wir kurzfristig etwas bereuen, das wir getan haben – eine Dummheit oder ein peinliches Verhalten.

Langfristig hingegen bereuen wir Dinge, die wir nicht getan haben – zum Beispiel, dass wir eine Ausbildung nicht gemacht haben, wegen der Karriere uns den Kinderwunsch nicht erfüllten oder bei den ersten Anzeichen der Krankheit nicht zum Arzt gegangen sind. Wir sollten uns also fragen, welchen Preis wir zu bezahlen bereit sind, um die Unannehmlichkeit oder Peinlichkeit, die wir im Augenblick erleben, umschiffen zu können. Hätte Ralf Haigis sich diese Überlegung gemacht, hätte er sich wohl nicht davon abhalten lassen, seiner Ärztin den schwarzen Hautfleck zu zeigen.

Das Beispiel zeigt auch, dass wir uns von der Macht des Augenblicks leiten lassen: Wir wissen genau, was das Gute ist – aber im Augenblick gibt es etwas Dringenderes zu tun. Ralf Haigis weiß, dass der Hautfleck wichtiger wäre als der eine Versicherungsfall, den er auch später bearbeiten könnte.

Anfangen und zu Ende führen

Das gute Handeln scheitert meistens nicht daran, dass wir etwas nicht tun wollen oder nicht tun können, sondern schlicht daran, dass wir nie damit beginnen. Nehmen wir so etwas wie Dankeschönschreiben für Geschenke: Zum Geburtstag erhielt ich als schöne Überraschung von meinen Schwestern ein Paket bester Pralinen sowie ein Buch. Über die Pfingsttage genieße ich die Pralinen und lese das Buch, schiebe aber das Schreiben der Karten hinaus, bis ich mich nach drei Wochen derart schäme, dass ich es notgedrungen tue. Warum habe ich es nicht früher getan? Es liegt daran, dass ich mich nicht hingesetzt und damit begonnen habe. Habe ich mich einmal daran gesetzt, dann läuft es oft wie von selbst; vor allem wenn ich mir vorher Gedanken darüber gemacht habe, was ich schreiben will.

Wie aber können wir uns den nötigen Ruck geben, um anzufangen? Nehmen wir der Einfachheit halber an, schöne Briefkarten seien bereits vorhanden. In der Regel nehmen wir uns dann vor: Morgen schreibe ich. Vielleicht tun wir es, vielleicht auch nicht. Erfolgversprechender ist es zu sagen: Morgen nach dem Abendessen nehme ich die Karten hervor, um mich bei der einen Schwester für die Pralinen zu bedanken; anschließend schreibe ich ihr ein wenig von den Kindern. Dann schreibe ich der anderen Schwester ein Dankeschön für das Buch. Man hat herausgefunden, dass wir solche Vorhaben oft hinausschieben, weil unsere Pläne zu abstrakt sind. Besser ist es deshalb, ganz konkrete Absichten zu formulieren, wann genau wir was genau tun wollen. Solche konkreten Absichten sind zwar keine Garantie dafür, dass wir beginnen; aber die Chancen sind höher.

Manche Ziele brauchen mehr Zeit, bis sie erreicht sind. Wenn mein Sohn David ein schwieriges Gitarrenstück üben muss, dann empfiehlt Herr Sæverud, sein Gitarrenlehrer, das sogenannte Teilzielprinzip anzuwenden: Mit der ersten Zeile zu beginnen, bis er diese gut spielen könne; dann die zweite Zeile, und so weiter, bis ans Ende des Stückes. Es sei ihm lieber, er könne nächste Woche nur die erste Zeile, diese dafür gut, als das gesamte Stück halbgut. Beherrscht er schließlich das ganze Stück einigermaßen, dann soll er es durchspielen und anschließend jene Stellen besonders oft wiederholen, bei denen er noch gepatzt hat. Teilziele haben mindestens zwei Vorteile: Erstens machen sie die Etappen zur Erreichung des Ziels übersichtlich. In einigen Situationen, wie hier beim Gitarrenüben, versucht David, an einer schwierigen Stelle so lange zu schleifen, bis sie sitzt. Ist dies einmal der Fall, dann genügt regelmäßiges Üben, um sein Können aufrecht zu erhalten.

Teilziele nutzen auch anderswo: im Haushalt, beim Renovieren des Hauses, wenn man sein Geschirr erneuern will und nicht alles auf einmal kaufen kann – oder beim Schreiben eines Buches. Wenn man aber ein Ziel oder sogar schon einzelne Teilziele vor Augen hat: Soll man dann positiv denken und das Gefühl kultivieren, ich schaffe das, oder im Gegenteil sich auf die kritischen Punkte konzentrieren und immer im Blick haben, was schiefgehen kann? Nehmen, wir an, ich will die Wohnung aufräumen: Soll ich davon ausgehen, das werde ich mit links schaffen? Oder doch lieber vorsichtig daran denken, dass mich dieses Buch und jener Anruf davon abhalten könnten, mein Ziel zu erreichen? Ist es nicht am besten, mit dem Schlechtesten zu rechnen?

Man hat herausgefunden, dass positives Denken zwar besser ist, als bloß darauf fixiert zu sein, was alles schiefgehen könnte. Am besten aber ist positives Denken, verbunden mit dem Wissen davon, was das Vorhaben vereiteln könnte. In unserem Beispiel sollte ich also frohgemut denken, dass ich das cool hinkriegen werde, mir aber auch bewusst sein, dass Bücher, die man beim Aufräumen durchblättert, und Anrufe Hindernisse darstellen, die das Aufräumen hinauszögern. Dies gibt mir den nötigen Mumm, anzufangen; wenn dann ein Buch in die Quere kommt, in dem ich gerne schmökern würde, bin ich gewarnt, dass dies die Art von Ablenkung ist, die das Aufräumen der Wohnung in die Länge zieht.

Nicht nur aufräumen will konkret geplant sein; auch etwa Maß zu halten, sei es beim Essen oder beim Shopping. Außer einem konkreten «Nein, das kaufe ich nicht» lässt die aufgeworfene Frage auch andere Antworten zu, wie wir im nächsten Abschnitt sehen werden.

Tugend Nummer 6: Mäßigung

Eine Kollegin, die in der damaligen DDR aufgewachsen war, erzählte mir, wie die Familie im Sommer sonntags mehrere Kilometer mit dem Fahrrad fuhr, um zur nächsten Eisdiele zu kommen. Ob diese offen war und Eis hatte, war dem Zufall bzw. der sozialistischen Planung überlassen. Gab es kein Eis, radelte die Familie enttäuscht wieder heim. Welche Freude aber, wenn es einmal Eis gab! Man kaufte sich eines, genoss es und hatte sich noch lange etwas zu erzählen. Was für ein Kontrast zur westlichen Konsumgesellschaft: Lust auf Eis? Da kann ich innerhalb von zwei Kilometern zwischen mindestens zehn Möglichkeiten wählen, zwei davon 24 Stunden geöffnet. Wir schlecken es weg und vergessen es. Wann hat Ihr Kind das letzte Mal von einem Eis geschwärmt, das es eine Woche zuvor bekommen hatte? Wo wir hinkommen, können wir Eis kaufen.

Viele Konsumenten können diesen Versuchungen nicht widerstehen. Man hört von einer Freundin über die neue CD von Bon Jovi. Ab zu amazon.de, auf deren Website man die CD sieht und auch schon bestellt. Einige Tage später flattert das Päckchen ins Haus; man hört die CD ein- oder zweimal und das war's. Dann das schnittige Cabriolet von BMW: Das Bankkonto reicht nicht aus, um es einfach vom Autohändler mitzunehmen. Aber schließlich kann man mit der Bank reden, die einen Kredit zur Verfügung stellt, mit dem man das eindrucksvolle Gefährt erstehen und andere beeindrucken kann. In allen drei Fällen fragt man sich, ob das Produkt – das Eis, die Bon-Jovi-CD, das BMW-Cabrio – einem gefällt. Ja natürlich! Bei Eis und CD fragt man sich oft nicht einmal, ob man es sich leisten kann – was sind schon die paar Euro!

Anhand des Witzes über die beiden Mönche haben wir gesehen, wie unterschiedliche Fragen zu unterschiedlichen Antworten führen können. So wie man Fragen nutzen kann, um andere zu manipulieren, kann man Fragen auch nutzen, um sich selbst zu manipulieren. Statt zu fragen, ob einem das Produkt gefällt, sollte man sich fragen, ob der Kauf des Produkts notwendig ist. Personen scheinen sich innere Stoppregeln zu setzen, die davon abhängig sind, wie die Frage formuliert wird. Auf unsere Beispiele gemünzt heißt dies: Habe ich Lust auf Eis? Ja. Brauche ich das Eis? Höchstwahrscheinlich nein. Auch bei amazon.de würde ich wohl weniger forsch auf den Bezahl-Button klicken, wenn ich mich fragte, ob der Kauf notwendig sei. Wie viele CDs liegen herum und verstauben, weil ich sie nicht mehr hören will.

Wenn ich von meinen rosaroten BMW-Träumen herunterkomme und mich frage, ob das bisschen Bewunderung das teure Geld wert ist und die sportliche Karosse wirklich nötig, dann merke ich, dass ich den Sportwagen eigentlich gar nicht brauche. Ich renne nicht zur Bank, weil ich mich von meinen Tagträumen hinreißen lasse, ohne mich zu fragen, ob ich das wirklich nötig habe.

Verstehen Sie mich richtig: Sollten Sie ein schönes, schnelles BMW-Cabrio besitzen, so will ich Ihnen den Genuss daran nicht vergällen. Es geht mir nicht darum, den Kauf teurer Sportwagen als etwas Schlechtes hinzustellen. Aber viele Leute kaufen Dinge – von Vanilleeis bis hin zu teuren Autos –, die sie nicht eigentlich wollen oder deren Kauf sie sich nicht wirklich leisten können und später bereuen. Ich habe einmal die Geschichte von einem jungen Schweizer gehört, der sich einen irren Sportwagen kaufen wollte. Auf den Franken genau hatte er sich ausgerechnet, wie hoch der Bankkredit sein durfte, um gerade noch bedient zu werden. Allerdings war ihm ein kleiner Fehler unterlaufen: Er hatte vergessen, das Benzin einzuberechnen, so dass er keinen Rappen übrig hatte, um den teuren Schlitten auf die Straße zu bringen. Statt bei Spritztouren hübsche Frauen zu beeindrucken, fristete der Wagen – und wohl auch sein Besitzer – ein einsames Dasein in der Garage.

Tugend Nummer 7: Gerechtigkeit

Gespannt betreten Elke und Lukas den Laborraum, in dem ein Tisch steht, an den sich die beiden setzen sollen. Sie kennen sich nicht, obwohl sie an der gleichen Uni studieren. Die Versuchsleiterin von der Forschungsgruppe «Verhaltensökonomie» begrüßt die beiden und stellt ihnen das Experiment vor: Elke erhält 20 Euro und darf sagen, wie viel sie Lukas davon geben will. Er darf nun sagen, ob er diese Aufteilung akzeptiert; wenn ja, wird das Geld so geteilt und beide dürfen ihren Anteil behalten. Sagt Lukas, dass er Elkes Aufteilung nicht akzeptiert, dann gehen die 20 Euro wieder an die Versuchsleiterin zurück.

Wie stellt sich diese Situation im Licht der klassischen ökonomischen Theorie dar? Wenn Elke sagt, sie gebe Lukas einen Euro, dann müsste er sich eigentlich glücklich schätzen, einen Euro mehr zu besitzen als vorher. Würde er rational entscheiden, so müsste seine Antwort lauten: «Ja, ich bin mit der Aufteilung einverstanden», da ihm Elke überhaupt etwas zugesteht. Sie ihrerseits müsste sich sagen, dass Lukas sich glücklich schätzen dürfte, einen Euro zu erhalten, weshalb sie 19 Euro für sich behalten könnte.

Das wäre von der Theorie her rational. Nur: Menschen handeln nicht so. In den meisten Experimenten geben Personen, die einen Betrag erhalten, die Hälfte oder etwas weniger als die Hälfte der anderen Person. Elke würde also zehn Euro abgeben oder wenigstens acht, wenn sie für sich einen kleinen Vorteil herausschlagen möchte. Sie wird aber darauf achten, dass sie Lukas ja nicht zu wenig gibt, da er sonst nein sagen könnte. Wenn Lukas wie die meisten Versuchspersonen in dieser Situation handelt, dann lehnt er das Geld ab, sobald er das Gefühl hat, die Aufteilung sei krass ungerecht. Auch wenn er mit einem Euro mehr aus dem Experiment gehen würde: Eine so krasse Benachteiligung lässt er sich nicht bieten!

Menschen haben einen Sinn für Gerechtigkeit in einem Ausmaß, dass sie lieber Geld liegen lassen als sich ungerecht behandeln lassen, wie wir schon im Abschnitt *Das liebe Geld* gesehen haben. Stellen Sie sich vor, Sie verdienten pro Jahr 33 000 Euro, während Ihr weniger qualifizierter Bürokollege 34 000 Euro erhält. Sie versuchen, auch mehr Lohn zu erhalten; weisen auf ihre bessere Qualifikation hin; auf ihre bessere Leistung – vergeblich. Wenn Ihnen nun von einer anderen Firma eine Stelle angeboten wird, auf der Sie 32 500 Euro im Jahr verdienten, 1 000 mehr als der Kollege in der neuen Firma – ist da die Versuchung nicht groß, dem alten Arbeitgeber eins auszuwischen und die Firma zu wechseln, selbst wenn Sie 500 Euro im Jahr an Gehalt einbüßen? Um einzuschätzen, wie zufrieden man mit seinem Einkommen ist, zieht man Vergleiche mit anderen. Dabei fühlt man sich meistens besser, der Krösus im Armenviertel zu sein als der Ärmste unter den Reichen, auch wenn Ersterer, absolut betrachtet, weniger Vermögen und Einkommen hat als Letzterer. Solche Vergleiche sind nicht nur bei Erwachsenen zu beobachten: Wer kennt als Eltern nicht das Klagen der Kinder, dass alle anderen mehr hätten als sie selbst!

Der Vergleich mit anderen hat in der Mediengesellschaft Folgen, derer wir uns kaum je bewusst werden. Da bekommen Männer täglich und beinahe überall Frauen von erlesener Schönheit zu Gesicht, die sie nicht als das erkennen, was sie sind: Ausnahmen. Sähen wir nur die Frauen aus unserem Dorf oder unserer Stadt, so wäre nur ausnahmsweise eine dabei, die so schön wäre wie jene, die uns vom Werbeplakat aus anlächeln. Untersuchungen zeigen, dass Männer in der Tat unzufriedener sind mit ihrer eigenen Partnerin, wenn sie vorher Fotografien von Ausnahmeschönheiten gesehen haben. Es dürfte Frauen ebenso gehen, wenn sie ihren Morgenmuffel mit all jenen Männern in der Werbung vergleichen, die von Reichtum und Eleganz nur so strotzen. Wir halten unser Schicksal für ungerecht, obwohl es objektiv gesehen die große Mehrzahl nicht besser hat: Die meisten Männer haben Frauen, die nicht an die Baywatch-Schönheiten aus der Werbung und dem Film heranreichen, und eine große Mehrheit von Frauen hat Männer, die nicht nur am Morgen nach dem Aufstehen den Vergleich mit den Typen aus der Werbung scheuen müssen.

Ziehen wir aus Vergleichen den Schluss, dass es uns schlechter geht als den anderen, und fühlen wir uns deshalb ungerecht behandelt, dann müssen wir aufpassen: Denn es kann sein, dass wir unsere Situation nur noch verschlimmern, wenn wir zum Beispiel eine Stelle annehmen, auf der wir weniger verdienen, aber meinen, gerechter behandelt zu werden. Natürlich müssen wir die größere Gerechtigkeit der Lohneinbuße gegenüberstellen. Wenn wir aber die beiden Stellen miteinander vergleichen und zu der Ansicht gelangen, dass die höher bezahlte eigentlich auch die bessere ist, dann sollten wir uns zweimal überlegen, hier unser Gerechtigkeitsgefühl zum ausschlaggebenden Kriterium der Entscheidung zu machen.

Eine schwierigere Frage ist, wie wir Gerechtigkeit schaffen können. Dazu müssen wir erst einmal wissen, was wir unter Gerechtigkeit verstehen und welche Gerechtigkeitsnormen es gibt. Leistungsnorm bedeutet, dass jene, die am meisten Zeit, Energie oder Geld in ein Vorhaben gesteckt oder am meisten zum Gelingen des Vorhabens beigetragen haben, auch am meisten herausholen sollen. Eine Gleichheitsnorm besagt, dass alle gleich viel erhalten sollen, unabhängig von der Norm. Bedürfnisgerechtigkeit bedeutet, dass jene am meisten erhalten, die es am nötigsten haben. Eine alleinerziehende Mutter mit drei Kindern würde zum Beispiel, unabhängig von der Leistung, die sie erbringt, mehr erhalten als eine kinderlose Bankangestellte. Schließlich gibt es die Norm, dass der Stärkste wählen darf, was ihm zusteht. Bei den Löwen darf sich das Männchen die besten Stücke sichern; in der SPD spricht man in den Frühlingstagen des Jahres 2008 vom «ersten Zugriff» des Parteichefs auf die Kanzlerschaft. Was gerecht ist, kann die psychologische Forschung nicht beantworten; das muss eine Firma, eine Partei oder eine Gesellschaft mit sich selbst ausmachen. Psychologische Forschung zeigt aber, wer gerne welche Norm hätte: Männer, die mehr leisten, bevorzugen eine Leistungsnorm, während jene, die weniger zur Leistung einer Gruppe beitragen, für die Gleichheitsnorm votieren. Das gilt nicht für Frauen: Diese bevorzugen auch dann eine Gleichheitsnorm, wenn sie besser sind als andere. Mitglieder größerer Gruppen sind eher für eine Leistungsnorm, während Mitglieder kleinerer Gruppen dafür sind, dass alle gleich viel bekommen. Personen schließlich, die an einer Aufgabe arbeiten, in der die Leistung Einzelner wichtig ist für die Gesamtleistung, befürworten eine Leistungsnorm.

Helfen

Während meiner Schulzeit musste ich häufig auf die Straßenbahn warten. Einmal sah ich, wie ein asiatisches Ehepaar sich am Fahrkartenautomat schwertat. Sie schauten ihn von oben nach unten an, wirbelten mehrfach um den Automaten herum und hatten sichtlich keine Ahnung, wie sie dem Ungetüm eine Fahrkarte entlocken könnten. Es standen etwa zwei Dutzend Leute an der Station, die diesem Treiben still und ernst zusahen; es verging viel Zeit, bis endlich eine junge Frau vortrat und fragte, ob sie helfen könne, was das Ehepaar sichtlich erleichtert bejahte. Warum bin ich selbst denn nicht sofort hingegangen und habe diese Frage gestellt?

Später, während meines Psychologiestudiums, wurde mir diese Frage beantwortet. Es ist leider ziemlich normal, dass keine Hilfe geleistet wird, selbst wenn es um Leben und Tod geht. Es müssen mindestens zwei Voraussetzungen erfüllt sein, damit ich anderen helfe: Erstens muss ich die Situation als einen Notfall begreifen. Ist es mir denn nicht auch selbst im Ausland schon so ergangen, dass ich einen Moment ratlos dastand und schließlich doch herausfand, was zu tun war? Nun, das oben beschriebene Ehepaar hatte schon ziemlich lange einen ratlosen Eindruck gemacht. Bemerke ich in dieser Situation, dass andere auch nicht helfen, so liegt der Gedanke nahe, dass alles halb so schlimm ist; andere tun ja auch nichts. Aber genau das denken die anderen ja gleichfalls – womit wir wieder einmal der pluralistischen Ignoranz begegnen. Nun kam hinzu, dass mir zwar der Fahrkartenautomat bekannt war, ich aber keine der in Frage kommenden Sprachen beherrschte; vielleicht ist jemand anderes in der Nähe, der Japanisch, Mandarin oder Vietnamesisch spricht? Das ist wohl kaum je der Fall, die betreffende Überlegung bietet aber einen bequemen Ausweg, um nicht helfen zu müssen. Man nennt dies Verantwortungsdiffusion. In Situationen, in denen man Verletzten helfen sollte, zeigt sich immerhin, dass Fachleute wie Ärztinnen oder Sanitäter eher helfen als Laien. Hätte eine gleichfalls anwesende Person erkannt, dass das Ehepaar am Fahrkartenautomat etwa Japanisch sprach und diese Sprache beherrscht, wäre sie wohl hingegangen und hätte ihre Hilfe angeboten. Das asiatische Ehepaar wurde nicht im Stich gelassen, *obwohl*, sondern gerade *weil* so viele Personen anwesend waren, die sich alle denken konnten, dass die anderen auch und vielleicht besser helfen könnten.

Ein zweiter, wesentlicher Einflussfaktor, der über das Anbieten oder Unterlassen einer Hilfeleistung entscheidet, ist die Verantwortung, die ich einer Person für ihre Situation zuschreibe: Fällt ein alter, sauber gekleideter Mann hin, so helfen Personen diesem viel eher als einem Betrunkenen, der strauchelt und nicht wieder auf die Beine kommt. Man denkt, dass der Betrunkene an seinem Ungemach selber schuld ist, während der alte Mann nichts dafür kann und Hilfe braucht. Wenn Leute Geld spenden sollen, so tun sie dies eher für Personen, die sich über eine Bluttransfusion mit Aids infiziert haben als über unsicheren Geschlechtsverkehr, und eher für Personen, die von Geburt an blind sind, als für solche, deren Blindheit von einem Unfall herrührt. In beiden Fällen wird eher dann gespendet, wenn man die Person für ihr Leiden nicht selbst verantwortlich machen kann.

Schließlich zeigt sich, dass Personen unter Zeitdruck schlechte Helfer sind; dies ist laut einer Studie selbst dann der Fall, wenn die Personen, die helfen sollten, Theologiestudenten waren, die gerade das Gleichnis vom barmherzigen Samariter gelesen hatten.

Es gibt übrigens einen Hoffnungsschimmer: In einer Studie zeigte sich, dass 43 Prozent der Personen, die die Forschung zum Hilfeverhalten kannten, in einer gestellten Notsituation Hilfe leisteten, während nur 25 Prozent halfen, wenn sie die Forschung nicht kannten. An einem Samstag – auf dem Weg zum Einkaufen – bin ich einmal an einer älteren Frau vorbeigegangen, die über ein Geländer gebeugt war und arg hustete; sie schien keinen Atem zu bekommen. Weit und breit war keine andere Person zu sehen. Ich schlich langsam vorbei und war schon einige Meter weitergegangen, schaute immer wieder zurück, ohne etwas zu tun – dann fiel der Groschen: Ich ging zu ihr hin und fragte sie, ob sie Hilfe brauche. Sie sagte mir, nein, es gehe schon, und hat mir dann zehn Minuten lang ihre ganze Krankengeschichte erzählt, was ihr sicher auch geholfen hat.

Was können Sie tun, damit Sie in einer Notsituation helfen? Mit anderen Worten: Wie können Sie verhindern, dass Ihnen das passiert, was mir am Fahrkartenautomat der Straßenbahn passiert ist? Wenn Sie in eine Situation kommen, die wie ein Notfall aussieht, dann denken Sie daran, wie leicht man sich von anderen beeinflussen lässt und denkt, es sei alles halb so schlimm. Beim oben beschriebenen Erlebnis mit der hustenden alten Dame musste ich mir einen richtigen Ruck geben: «Du weißt, dass man häufig nicht hilft, kennst all die Theorien und Untersuchungen, warum man es oft nicht tut. Geh jetzt hin und helfe!» Denken Sie auch nie, ein anderer könne das besser als Sie. Mir ist es einmal passiert, dass in einem gut besetzten Vorortszug von Paris nach Versailles der Lokführer den Zug anhielt, in den Wagen kam und fragte, wer Französisch spreche. Ich sagte nichts, weil ich dachte, dass ich hier in Frankreich sei und wohl die meisten besser Französisch könnten als ich; ich würde mich ja der Lächerlichkeit preisgeben! Der Lokführer ging noch einmal nach vorne, kam dann wieder und erklärte, dass der Zug ins Depot fahre und man hier umsteigen müsse, wenn man nach Versailles gelangen wolle. Als ich dies einigen Amerikanern übersetzte, versammelte sich plötzlich der ganze Wagen um mich: In der Tat waren es alles Touristen, von denen keiner des Französischen mächtig war. So kann es Ihnen auch ergehen, wenn Sie vor einigen Jahren einen Erste-Hilfe-Kurs absolviert haben und in einer Notfallsituation dann meinen, es seien sicher Leute anwesend, die besser helfen könnten: Wer weiß, vielleicht können Sie es am besten.

Nicht nur dann, wenn wir ein Opfer sehen, sondern auch dann, wenn wir Opfer sind, kann uns diese Forschung nützen. Die Frage lautet dann: Was tun Sie, damit Ihnen in einer Notsituation geholfen wird? Nehmen wir an, Sie sind bei brütender Hitze im Fußballstadion. Nach dem Spiel drängen alle Besucher Richtung Ausgang. Sie haben Ihre Freunde aus den Augen verloren, aber ausgemacht, sich beim Parkplatz zu treffen. Da bemerken Sie, dass Ihnen nicht wohl ist, und bekommen Angst, bewusstlos umzukippen. Dass Sie nicht einfach darauf setzen können, es werde Ihnen schon geholfen, wenn viele Leute am Ort sind, sollte nach den obigen Ausführungen klar sein. Selbst einfach «Hilfe, Hilfe!» zu rufen kann zu wenig sein. Der heikle Punkt ist, dass Personen weniger Verantwortung übernehmen, wenn sie glauben, dass andere ebenfalls dazu in der Lage wären; sind sie hingegen alleine, dann helfen sie. Darum ist es wichtig, dass Sie einer Person die Verantwortung zuweisen. Der bekannte Sozialpsychologe Robert Cialdini empfiehlt, dass Sie auf eine einzelne Person zeigen und sagen: «Sie – ja, genau, Sie!» Außerdem geht es um das Erkennen des Notfalls: Wenn alle vorbeigehen und nichts tun, dann möglicherweise deswegen, weil sie in Ihnen gar keinen Notfall sehen? Vielleicht nur betrunken? Deshalb dürfen Sie nicht locker lassen: «Ich habe einen Hitzschlag und brauche Hilfe. Bitte holen Sie sofort einen Rettungssanitäter.» So erhöhen Sie die Chance, dass Ihnen geholfen wird.

Dachau, 1938: Der Wachmann – nennen wir ihn Wolfgang Mörk – erhält von seinem Vorgesetzten den Befehl, einen Häftling zu schlagen. Es ist das erste Mal, dass er einen solchen Befehl bekommt, denn bisher hatte er Dienst auf dem Wachturm. Er zögert. «Jetzt hau ihm eine runter. Worauf wartest du noch?», schreit der Vorgesetzte. Also schlägt Wolfgang Mörk zu. Er wird in den nächsten Wochen und Monaten noch oft zuschlagen. Beim ersten Mal fällt es ihm noch schwer, er schlägt auch nicht mit voller Wucht zu. Bei den nächsten Malen macht es ihm nichts mehr aus, er spürt keinen Widerstand mehr, wenn er zuschlagen muss. Als der Krieg zu Ende geht, hat sich der Wachmann noch weit Schlimmeres zuschulden kommen lassen. So oder ähnlich muss es sich zugetragen haben, dass zuvor unbescholtene Bürger zu Massenmördern wurden, dachte sich der amerikanische Psychologe Stanley Milgram, als er seine Experimente zum Gehorsam durchführte. Man weiß heute, welche Faktoren dabei eine Rolle spielten: Die Vorgesetzten üben enormen Druck aus; wenn man zu weich ist, soll man sich schämen; die Opfer werden entmenschlicht; die eigene Brutalität wird als notwendig angesehen; schrittweise wird den Wachsoldaten die Gewalt nähergebracht. Einige Wolfgang Mörks wurden nach dem Krieg vor Gericht gestellt, andere begannen ein neues, unauffälliges Leben. Vor Gericht versuchten sich die meisten mit dem Argument zu retten, sie hätten ja nur Befehle ausgeführt; von sich aus hätten sie so etwas nie getan. «Ich habe nur gehorcht.»

Spontan denken wir: So etwas könnte mir nie passieren. In den 1960er Jahren zeigte Stanley Milgram in seinen mittlerweile klassischen Experimenten, dass eine Mehrzahl seiner erwachsenen amerikanischen Versuchspersonen bereit waren, einem anderen Menschen lebensgefährliche Elektroschocks zu verabreichen. Der Versuchsleiter erklärte, dass es sich um ein

Lernexperiment handle, bei dem die Wirkung von Strafe untersucht werden solle. Wenn die andere Versuchsperson – in Wahrheit ein Mitarbeiter des Versuchsleiters – einen Fehler mache, dann solle man ihr auf Geheiß des Versuchsleiters einen Elektroschock verabreichen. Entgegen der Annahme der Versuchspersonen erhielt der Laborgehilfe, der die andere Versuchsperson mimte, keine wirklichen Schocks. Die Schock-Skala begann bei 15 Volt, was absolut harmlos ist, und endete bei 450 Volt, was auf dem Gerät als hochgefährlich bezeichnet wurde. Mehr als 60 Prozent von Milgrams Versuchspersonen gingen bis zur maximalen Schockintensität. Dies waren keine Verbrecher, keine Sadisten, sondern hundert normale Männer und Frauen, die mitten im Leben standen. Wie schafft man es, aus anständigen und rechtschaffenen Menschen innerhalb einer Stunde Gewalttäter zu machen?

Ein wesentlicher Aspekt ist Autorität und Gehorsam. Wo Menschen zusammenkommen, bildet sich eine Hierarchie, in der Untergebene einem Vorgesetzten gehorchen. Bis vor einigen Jahrzehnten war Gehorsam das Ziel der Erziehung, wenn die Eltern nicht der führenden Schicht angehörten. Nur wer sich einordnet und gehorcht, wird später keine Probleme haben – so wenigstens dachte man. Ein anderer Aspekt war die Art und Weise, wie Milgram in seinen Experimenten Leute gefügig machte: die sogenannte «Fuß-in-die-Tür-Technik»: Die Versuchspersonen in Milgrams Experimenten mussten nicht von Anfang an gefährliche Schocks geben. Sie fingen sachte an, bei einer Schockintensität, die sie selbst ausgetestet hatten. Es sah alles ganz harmlos aus. Die Person, die ja nicht wirklich an das Schockgerät angeschlossen war, reagierte vorerst nicht. Erst nach einiger Zeit fing sie an zu stöhnen, dann zu bitten, dass man aufhöre, schließlich zu schreien. Wenn man aber erst einmal angefangen hat – wo dann die Grenze ziehen, bei der man aufhört? Zumal der Versuchsleiter einem sagt, man solle weiter machen und sich nicht weiter um die andere Person kümmern;

man sei schließlich nicht verantwortlich für das Experiment. Wie soll man sich weigern, den Schalter «165 Volt» zu drücken, nachdem man soeben einen Schock von 150 Volt verabreicht hat?

Stanley Milgram hat mit seinen Experimenten zweierlei gezeigt: Erstens, dass es nicht kranke Psychopathen waren, die in den Konzentrationslagern grausame Gewalttaten begingen, sondern normale Bürger. Hätten wir zu dieser Zeit gelebt, wir wären wahrscheinlich auch zu diesen Grausamkeiten fähig gewesen. Ich finde es übrigens falsch, wenn man glaubt, dass sich hinter der gutbürgerlichen Fassade ein Abgrund an Bosheit und Grausamkeit verbirgt; dass wir alle eigentlich Sadisten sind. Wir sind es nicht. Vielmehr kann man mit bestimmten Techniken die meisten von uns dazu bringen, das zu tun, was eine Autoritätsperson will; oft mit sanftem, wenn auch bestimmtem Druck.

Sanften Druck und die Fuß-in-die-Tür-Technik bekamen die Amerikaner im Koreakrieg zu spüren: Während amerikanische Kriegsgefangene in Nordkorea brutal behandelt wurden und kaum mit ihren Peinigern zusammenarbeiteten, gelang es chinesischen Bewachern, amerikanische Gefangene so gefügig zu machen, dass sie mit den Chinesen zusammenarbeiteten und kaum Fluchtversuche unternahmen. Wie schafften das die chinesischen Wachmannschaften? Sie gaben zum Beispiel einem Kriegsgefangenen ein Blatt, auf dem geschrieben stand, dass der Kapitalismus in Amerika auch Nachteile habe, und baten ihn, diese Aussage zu unterschreiben. Selbstverständlich hat der Kapitalismus auch seine Nachteile, wer würde das bestreiten! Da es keinen offensichtlichen Grund gab, gegen diese Aussage zu sein, unterschrieben einige Gefangene. Das Blatt mit der Unterschrift hing dann im Gang zum Essensraum, so dass andere Mitgefangene dies sehen konnten. Als nun die Frage kam, ob man nicht im Lagerradio sagen möchte, dass das Essen im Lager nicht schlecht sei, gab es wiederum keinen ersichtlichen Grund, dies zu verweigern. So übten die chinesischen Bewacher nur sanften Druck aus. Sie boten als Gegenleistung auch nicht Belohnungen oder bessere Bedingungen an, so dass sich niemand sagen konnte, er habe bloß wegen der Belohnung so gehandelt. Da aber weder harte Strafe noch Belohnung der Grund waren – handelte es sich da nicht um innere Überzeugung? Habe ich nicht unterschrieben, weil ich glaube, dass der Kapitalismus Nachteile habe oder das Essen nicht schlecht sei? Schritt für Schritt wurde der Kriegsgefangene immer enger an seine Bewacher gebunden, so dass er zuletzt aus voller Überzeugung mit ihnen zusammenarbeitete und für andere ein Modell abgab, es ihm gleichzutun.

Hier stellt sich die Frage: Wie kann ich aussteigen, wenn ich merke, dass ich in eine Sache hineingeraten bin, die mir nicht mehr geheuer ist? Gesicherte wissenschaftliche Befunde dazu gibt es wenig. Am leichtesten hat es sicher derjenige, der gar nicht erst angefangen hat, weil er aus Prinzip gewisse Dinge nicht tut und sich vornimmt, eine gewisse Grenze nicht zu überschreiten; zum Beispiel nie einer anderen Person Schmerz zuzufügen, möge dieser auch noch so klein sein. Es sind geschützte Werte, an die man sich treu hält, was immer kommen möge. Prinzipientreue dürfte gerade in unsicheren Zeiten helfen, moralisch integer zu bleiben. Hat man einmal angefangen, so mag es helfen, sich nicht zu fragen: «Wie kann ich es rechtfertigen aufzuhören?», sondern: «Wie kann ich es rechtfertigen weiterzumachen?» Schließlich dürften jene eher aufhören, die die Fuß-in-die-Tür-Technik kennen. Denn wer sich manipuliert fühlt, versucht in der Regel, sich diesem Einfluss zu entziehen.

Gehorsam zeigt man, wenn man Anordnungen einer Autorität folgt. Gewisse unserer Handlungen erfolgen allerdings von außen gesteuert, ohne dass eine Anordnung gegeben wurde. Wenn auf einer Vereinsversammlung des Orchideenclubs ein Mitglied einen Diavortrag über seine Studienreise nach Indonesien hält, dann sind die meisten Zuhörer am Schluss unsicher, was sie tun sollen, bis der Vereinspräsident anfängt, Applaus zu spenden. In diesem Moment beginnen auch die restlichen Mitglieder zu klatschen. Theater und Parteiversammlungen haben die Dienste sogenannter Claqueure in Anspruch genommen: Diese hatten den Auftrag, an einer bestimmten Stelle zu applaudieren, «Bravo» zu rufen oder eine Zugabe zu verlangen. Sind einige Leute im Publikum, die mit dem Applaus beginnen, dürften die anderen darin einfallen.

Wer anderen nachklatscht, folgt keiner Anordnung. Im besten Falle tun wir, was wir sowieso tun wollten, uns aber nicht als Erste zu tun getrauten. Im schlimmeren Falle tun Menschen Dinge, die sie gar nicht so wollen, wie wir im Abschnitt *Drogen, Alkohol, Schlafmangel* gesehen haben: Jugendliche trinken Alkohol, nur weil alle anderen es auch tun – mit zum Teil fatalen Folgen. Auch hier gilt es, sich in einem ersten Schritt klar zu werden, welche Einflüsse mitspielen, dass wir Dinge tun, die wir eigentlich nicht wollen. In einem zweiten Schritt gilt es, sich vom sanften Druck zu lösen und für sich selbst zu entscheiden, was richtig ist.

Lernen am Modell

Wir lernen von anderen. Zum Beispiel sieht Andreas, neun Jahre alt, auf dem Pausenplatz zu, wie Harald, der ein Jahr älter ist, einem Mädchen «eins auf die Rübe gibt». Die beiden Lehrer, die Pausenaufsicht haben, reden miteinander und sehen nichts. Da hat nicht nur der Harald gelernt, dass man ungestraft ein anderes Kind verdreschen darf, sondern auch Andreas, der bloß interessiert zugeschaut hat. Man nennt dies Lernen am Modell: Andreas sieht das Modell – Harald – und ahmt sein Verhalten später nach. Untersuchungen zeigen, dass sich Kinder eher gewaltsam verhalten, wenn andere es auch tun und sie nicht dafür bestraft werden. Fatalerweise wird gewaltsames Verhalten praktisch genauso oft nachgeahmt, wenn das Modell nicht bestraft wird, wie wenn das Modell belohnt wird. Deshalb ist es wichtig, bei Prügeleien auf dem Pausenplatz einzugreifen, einem Abfallsünder seine Meinung zu sagen oder einen Autofahrer mit einem Mobiltelefon in der Hand zu bestrafen: Einige derer, die zusehen, dass man dies ungestraft tun kann, werden es später ebenfalls tun.

Zum Glück werden nicht nur Schlagen und Schimpfen durch Modelllernen erworben, sondern auch Hilfsbereitschaft und Freundlichkeit. In einer Studie in Florida stand eine Frau, deren Auto eine Reifenpanne hatte, am Straßenrand. Gemessen wurde, wie viele Personen anhielten und der sichtlich überforderten Frau halfen. Es gab zwei Bedingungen: Die eine Gruppe hatte wenige Kilometer zuvor auf der gleichen Straße eine andere Frau gesehen, die mit ihrem defekten Auto am Straßenrand stand und der geholfen wurde. Die anderen Autofahrer bekamen keine solche Modellsituation zu Gesicht. Tatsächlich halfen die Leute eher, wenn sie vorher eine ähnliche Situation beobachtet hatten, in der Hilfe geleistet wurde: Von 4000 Fahrzeugen, die passierten, hielten ganze 93 an; 58 davon gehörten zur ersten Gruppe.

Das Verhalten anderer ändern

Ein kalter, regnerischer Novembermorgen, kurz vor halb neun, an einer norwegischen Schule. Die Kinder müssen über den Lehrerparkplatz zur Schule gehen; wenigstens jene Kinder, die zu Fuß unterwegs sind. Denn viele Kinder werden von den Eltern mit dem Auto gebracht. Obwohl die Eltern informiert sind, dass sie nicht den Lehrerparkplatz benutzen sollen, rollen die Autos hinein und laden die Kinder möglichst nahe beim Eingang aus, damit sie nicht nass werden. Auf dem Parkplatz herrscht Chaos, da die hineinfahrenden Autos den hinausfahrenden den Weg versperren. Mittendrin Kinder, die vom Auto aus bei Regen und Dunkelheit kaum zu sehen sind.

Von Eltern alarmiert, sieht sich der Rektor das Tohuwabohu auf dem Parkplatz selbst an und bittet die Eltern in den Autos, die Kinder doch woanders auszuladen. Von dort wäre es zwar weiter bis zum Eingang der Schule, aber es würde mehr Sicherheit für jene Kinder bedeuten, die zu Fuß zur Schule kommen. Auch am nächsten Morgen steht der Rektor auf dem Parkplatz. Er setzt auf Freiwilligkeit statt auf Zwang und bittet die Eltern, das nächste Mal nicht mehr den Parkplatz zu benutzen. Tag für Tag steht nun der Rektor auf dem Parkplatz – mit welchem Resultat? Im Februar sind es wesentlich weniger Eltern, die auf den Parkplatz fahren, aber immer noch genügend, um einen reibungslosen Ablauf zu verhindern. Was macht der Rektor? Da seine Worte bei den hartgesottenen Eltern nichts fruchten, regelt er den Verkehr und geleitet die Kinder, die zu Fuß gehen, zum Eingang.

«Toleranz nützt den Rücksichtslosen», zürnte einst der Publizist Henryk M. Broder anlässlich einer Preisverleihung. Auch wenn Broder die Toleranz gegenüber totalitären Systemen und religiösen Fanatikern meinte, so kann man das Zitat ruhig auf die rücksichtslosen Eltern beziehen, die lieber das Wohl anderer Kinder gefährden, als ihrem eigenen Kind eine Minute mehr Regen und Kälte zuzumuten. Die Haltung des Rektors ist gut gemeint, belohnt aber die Rücksichtslosen und bestraft die Einsichtigen.

Wem ist es nicht auch schon so ergangen wie dem sympathischen Rektor? Da meinten wir es gut, und zuletzt hatten wir das Gefühl, die Falschen belohnt zu haben. Wem gibt die Mutter eher eine Süßigkeit, dem lieben, unauffälligen Kleinen oder dem Größeren, der laut mault, er habe schon lange nichts mehr Süßes bekommen und überhaupt seien die Eltern viel zu streng? Wem gibt der Chef eine Lohnerhöhung: Der braven, fleißigen

Mitarbeiterin, die stillschweigend ihre Arbeit macht, oder dem etwa gleich fleißigen Mitarbeiter, der seine Leistung lautstark herausstellt und meint, dass er woanders besser bezahlt würde? Manchmal merken wir, was das Richtige ist; nur zu oft ertappen wir uns aber dabei, den Falschen zu belohnen.

Deshalb ist es wichtig, ab und zu darüber nachzudenken, wen eine bestimmte Handlung belohnt. Es kann natürlich nicht unser Ziel sein, jene zu belohnen, die sich widersetzen, und jene im Regen stehen zu lassen, die das Richtige tun. Der Rektor hätte von Anfang an verhindern müssen, dass die Eltern auf den Parkplatz fahren, so dass sie sofort eine andere Lösung hätten suchen müssen.

Die Erziehung zum Erpresser

Adventszeit. Die Lehrerin organisiert für ihre Klasse einen Adventskalender. Jedes der zwanzig Kinder bringt ein kleines Geschenk mit, das in eines der Säckchen verstaut wird. Das kleine Geschenk darf bis zu vier Euro kosten. An jedem Tag zieht eines der Kinder eine der Gaben; es stellt sich dann auch heraus, von wem sie jeweils stammt. Eines der Mädchen, nennen wir es Ragnhild, wählt im Supermarkt einen schmucken, rosaroten Bleistift aus, der einen Euro kostet. Sie verpackt ihn stolz und stellt sich schon die Freude der Klassenkameradin vor, die den Bleistift eines Tages zieht. Nach wenigen Tagen wird Ragnhilds Bleistift gezogen – von Adrian. Ein rosaroter Bleistift! Adrian ist natürlich bitter enttäuscht und will etwas anderes haben. Statt beide – Adrian und die nun auch enttäuschte Ragnhild – zu trösten, findet die Lehrerin, dass Ragnhild ein Geschenk gekauft habe, das zu billig sei; sie solle doch bitte Adrian etwas mitbringen. Als Ragnhild dies ihren Eltern erzählt, können sie nicht glauben, dass die ansonsten tadellose Lehrerin so etwas gesagt haben könnte; da habe Ragnhild wohl was falsch verstanden. Als dann aber Adrian an der Haustür klingelt und bittet, das Geschenk oder wenigstens das Geld zu bekommen, wie die Lehrerin verlangt habe, wird auch den Eltern klar: Ragnhild hat die Wahrheit gesagt. Dennoch bleibt ihre Mutter standhaft und gibt Adrian kein Geld. Als dieser aber Ragnhild das nächste Mal trifft, bedrängt er sie so lange, bis sie endlich den gewünschten Zaster herausrückt.

Hier wird auf den ersten Blick klar, dass einiges schiefgelaufen ist: Adrian wird dafür belohnt, dass er stänkert, weil ihm das Geschenk nicht passt. Es ist ja klar, dass ihm der rosa Bleistift nicht gefällt, was die Lehrerin durchaus akzeptieren könnte. Jedoch zu lernen, dass einem mehr nachgeworfen wird, wenn einem ein Geschenk nicht gefällt, halten wohl die meisten von uns für schlicht falsch. Dadurch, dass Ragnhild dem Druck nachgegeben hat, lernte Adrian überdies, dass man nur genug Dampf machen muss, um auch das zu erhalten, was man will; schließlich hat die Lehrerin selbst gesagt, dass er Anrecht auf ein zusätzliches Geschenk habe. Hätten Adrians Eltern ihm nicht erklärt, dass dies falsch war, wäre es die perfekte Erziehung zum Erpresser: Wenn ich etwas haben will, muss ich nur genügend Druck ausüben, um es auch zu bekommen. Und Ragnhild? Sie wird in Zukunft aufpassen, bei Geschenken ja nicht zu billig einzukaufen, selbst wenn sie dafür auf ihr Erspartes zurückgreifen muss, von dem sie sich eigentlich Fische für ihr Aquarium kaufen wollte.

Wir müssen in der Erziehung immer wieder sorgsam darauf achten, welches Verhalten belohnt wird. Zu oft geschieht es, dass wir Druck nachgeben: Wenn das Kind so laut klagt und wir ihm lieber die verlangte Süßigkeit zustecken, statt uns das Geplärre länger anhören zu müssen. Wenn die Kinder neue Schuhe brauchen und die Frau ihren Mann dafür um Geld bittet, dieser in der anschließenden Diskussion aber so heftig wird, dass es die Frau mit der Angst zu tun kriegt und nachgibt.

Wenn die Großmutter, nachdem sie die Enkel um mehr Ruhe gebeten hat, sich ans Herz greift und ausruft, dass sie den Lärm nicht mehr aushalte, worauf die Eltern die Kinder sofort zur absoluten Ruhe verdammen. In solchen Situationen belohnen wir ein Verhalten, welches wir eigentlich nicht belohnen wollen, was zu dessen Wiederholung führt: Das Kind klagt noch eher und lautstärker, der Ehemann weiß nun, dass er nur mal richtig mit der Faust auf den Tisch hauen muss, und die Großmutter fragt schon gar nicht mehr, sondern greift sich direkt ans Herz: Das wirkt.

Bessere Leistung durch mehr Selbstvertrauen?

Während früher Gehorsam erstes Ziel aller Erziehung war, hat sich in den vergangenen Jahrzehnten ein demokratischer Erziehungsstil durchgesetzt, der Kinder zu selbständigen Menschen heranziehen soll. Wohl werden klare Grenzen gesetzt, aber diese werden auch diskutiert, und das Kind wird in Entscheidungen einbezogen, sobald es von seiner Entwicklung her dazu fähig ist. In der Tat zeigen Studien, dass ein solcher Erziehungsstil einige Vorteile hat, sowohl gegenüber einem autoritären wie auch gegenüber dem sogenannten «Laissez-faire»-Erziehungsstil, der dem Kind keine Grenzen setzt und es machen lässt, was es zu tun wünscht. Ein Ziel von Erziehung ist oft, dass das Kind Selbstvertrauen gewinnen soll. Deshalb werden Kinder gelobt, was das Zeug hält, auch wenn die Leistung, die sie zeigen, gar nicht so bravourös ist. Die Begründung dafür lautet in etwa: Wenn ein Kind Selbstvertrauen hat, dann ist es glücklich; und das stimmt auch tatsächlich. Sie geht aber weiter: Glückliche Kinder sind auch friedliche Kinder, die bessere Leistungen erbringen können. Und das stimmt so nicht. Es scheint, dass Kinder, die vor Selbstvertrauen strotzen, sogar aggressiver sein können als Kinder, die nur in geringem Maße über Selbstvertrauen verfügen. Schließlich fördert Selbstvertrauen auch nicht die Leistung: Wer glaubt, den Stoff zu beherrschen, lernt eher weniger als jener, der befürchtet, er könne die Prüfung vermasseln. Es geht nicht darum, Kindern das Selbstvertrauen zu nehmen; denn glückliche Kinder sind viel wert. Es geht aber darum, zu Leistung zu motivieren, indem man die Rückmeldung an die Qualität der Leistung knüpft. Vor allem wenn sich das Kind verbessert, wenn es seine Leistung im Vergleich zu früher steigert, sollte es gelobt werden. Man kann es auch loben für die Mühe, die es sich gibt, oder die Ausdauer, die es hat, denn auch dies ist wertvoll. Darüber hinaus geht es darum, dass das Kind lernt, sich richtig einzuschätzen. Eine Leistung, die nicht gut ist, sollte nicht hoch gelobt werden, sondern verbessert – immer natürlich unter Berücksichtigung der Möglichkeiten des Kindes. Denn es nützt ihm später herzlich wenig, wenn es viel Vertrauen in eine mittelmäßige Leistung hat; es wird dann eine Rückmeldung erhalten, die womöglich bitterer schmeckt als die ehrliche, aber liebevolle Korrektur der Eltern oder Lehrer.

Führen

Als im Oktober 1972 in den Anden ein Flugzeug auf einen Gletscher stürzte, überlebten einige Passagiere, die zum größten Teil Mitglieder einer Rugby-Mannschaft aus Uruguay waren. Zwei der Passagiere wurden losgeschickt, um Hilfe zu suchen. Nach 72 Tagen konnten 16 der ursprünglich 45 Passagiere an Bord der Maschine gerettet werden. Der Absturz und die anschließende Rettung kam damals in die Schlagzeilen, unter anderem auch deshalb, weil die Überlebenden Fleisch von getöteten Mitpassagieren essen mussten, um zu überleben. Ich will mir nicht ein Urteil über den für das Überleben notwendigen Kannibalismus anmaßen, sondern lediglich erwähnen,

dass diese Entscheidung trotz der großen Not der Überlebenden keineswegs leichtfertig getroffen wurde.

Für uns interessant ist die Tatsache, dass die Gruppe der
überlebenden Passagiere spontan eine Hierarchie bildete. Es
gab einen klaren Führer, zwei Stellvertreter und Spezialisten,
vor allem solche, die die Gegend auskundschafteten. Wo Menschen zusammenkommen, bildet sich eine Hierarchie; Gruppen ohne Führung gibt es nur, wenn die Aufgabe sehr einfach
ist. Sonst scheint es nicht ohne Führung zu gehen, und wir bewundern Personen, die gut führen können.

Was aber ist gute Führung? Führung, die Menschen zu guten Taten anleitet? Viele Personen in leitenden Positionen führen, indem sie Erwartungen definieren, Belohnungen anbieten,
befriedigende Abmachungen treffen, über Ressourcen verhandeln und Empfehlungen für erfolgreiche Leistung geben. Oft
verweisen sie auf Fehler von Untergebenen und lassen Probleme
liegen, bis sie zum Himmel stinken. Nicht so bei der sogenannten transformationalen Führung: Diese geht über Belohnung
und Strafe hinaus. Die Führungsperson handelt, statt bloß zu
reagieren. Oft werden Persönlichkeiten, die transformationale
Führung anwenden, charismatische Vorgesetzte genannt. Charismatische Führer haben vier Eigenschaften:

- Charisma: Sie drücken ihre Überzeugung klar aus und
  betonen die Wichtigkeit von Vertrauen. Sie vertreten Meinungen zu schwierigen Themen und drängen Untergebene
  zur Übernahme der Meinung des Vorgesetzten. Sie betonen
  die Wichtigkeit von Zielen und Einsatzwillen sowie die
  moralischen Konsequenzen von Entscheidungen.
- Inspiration: Charismatische Vorgesetzte entwickeln eine positive Vision der Zukunft; sie fordern Untergebene mit hohen
  Standards heraus, ihr Reden ist erfüllt von optimistischem
  Enthusiasmus, und sie verbreiten Mut und Sinn für das, was
  zu tun ist.

- Intellektuelle Stimulation: Charismatische Vorgesetzte hinterfragen althergebrachte Annahmen und Traditionen. Sie eröffnen neue Perspektiven und ermutigen die Äußerung neuer Ideen und Argumente.
- Individuelle Berücksichtigung: Charismatische Vorgesetzte betrachten und behandeln Untergebene als Individuen. Sie berücksichtigen individuelle Bedürfnisse, Fähigkeiten und persönliche Ziele, hören aufmerksam zu und fördern individuelle Entwicklung. Charismatische Vorgesetzte geben Rat, lehren und betreuen.

Man darf aber charismatische Führer nicht nur positiv sehen: Die Geschichte zeigt leider, dass sich Menschen immer wieder von charismatischen Persönlichkeiten verführen lassen, denen man die Hebel der Macht besser nicht in die Hände gegeben hätte. Transformationale Führung führt dazu, dass eine Gruppe oder gar eine Nation ihre Ziele eher erreicht – sowohl die guten wie die schlechten. Eine Person, die Charisma hat und andere Menschen leitet, muss umso mehr darauf achten, dass sie das Gute anstrebt.

Das Gute von sich aus tun

Wir haben von Belohnung gesprochen und von Gehorsam. Davon, wie man das Verhalten anderer ändert und welche Eigenschaften ein charismatischer Vorgesetzter hat. Eigentlich möchten wir aber, dass Menschen das Gute von sich aus tun. Ich habe von Eltern gehört, die versprechen ihrem Kind zehn Euro dafür, dass es sein Zimmer aufräumt. Sie dürfen dreimal raten, was passieren würde, wenn das Kind einmal das Zimmer aufräumen soll, ohne dass ihm dafür Geld versprochen wird. Deshalb sollten wir anstreben, dass das Kind sich daran gewöhnt, das Zimmer von selbst, ohne Belohnung aufzuräumen.

Meistens geht das am Anfang auch ganz gut: Kleine Kinder sehen, wie ihre Eltern das Spielzimmer aufräumen und wollen bald mithelfen. Irgendwann hat aber das Kind gesehen, was aufräumen ist, und interessiert sich nicht mehr sonderlich dafür. Später helfen Kinder manchmal von sich aus mit, die Spielsachen zu ordnen. Meinen die Eltern nun, von ihrem Kind die Mithilfe gewissermaßen einfordern zu können, so würgen sie seine Motivation geradezu ab. Denn wie alle Menschen ist das Kind stärker motiviert, von sich aus Dinge zu tun. Findet es aber beispielsweise ein Legosteinchen nicht, kann man ihm sagen, wenn es mithelfe, werde man mal aufräumen, und dann fände man bestimmt das vermisste Teil. In diesem Fall erkennt das Kind auch den Sinn des Aufräumens. Will man es belohnen für gute Taten, dann ohne Vorankündigung, als Überraschung. Die Belohnung sollte klein gehalten werden, es kann sogar «nur» ein Lob sein. Dann spürt das Kind, etwas Gutes getan zu haben, bekommt aber nicht das Gefühl, dafür bestochen zu werden.

Die meisten Eltern wissen aus Erfahrung, dass Kinder selbst dann, wenn man der Theorie nach alles richtig macht, nicht unbedingt jede Woche freiwillig oder mit Freude das Spielzimmer aufräumen. Man kann aber klare Rahmen setzen, die helfen, dass das Kind sich das Aufräumen zur Gewohnheit macht; zum Beispiel jeden Samstagmorgen, bevor es an den Computer darf. Klare Erwartungen und Abmachungen, die eingehalten werden müssen, sind auch dann wichtig, wenn sich das Kind ein Haustier wünscht. Denn während das Spielzimmer zur Not eine Woche im Chaos versinken kann, ohne dass es jemandem schadet, muss in diesem Fall das Wohl der Tiere im Vordergrund stehen. So lernt das Kind nach und nach, dass man das Gute von sich aus tun muss.

Schlussbetrachtung

Das ewige Leben

Der amerikanische Mathematiker John Allen Paulos gibt uns in seinem Buch «Innumeracy» (auf Deutsch «Zahlenblind») folgendes Rechenproblem vor: Halten Sie kurz den Atem an und atmen dann ganz tief ein. Wie groß ist die Wahrscheinlichkeit, dass Sie in diesem Atemzug ein Atom eingesaugt haben, das bereits Julius Cäsar ein- und wieder ausgeatmet hat? Wir würden meinen, dass diese Wahrscheinlichkeit verschwindend gering sei. John Allen Paulos rechnet uns aber vor, dass diese Wahrscheinlichkeit mehr als 99 Prozent ist. Atmen Sie also mit Verstand, denn mit jedem Atemzug gelangt ein kleines Stück Geschichte in ihre Lungen. Wer weiß, mit wessen Atomen Sie auf diese Weise schon Bekanntschaft gemacht haben!

Wenn wir ein wenig Luft von Julius Cäsar, Mutter Teresa oder Albert Einstein eingeatmet haben, ändert dies nichts an unserem Verhalten. Und auch das, was wir tun, wird nicht das Verhalten derjenigen ändern, die dereinst unsere Luft einatmen werden. Trotzdem löst sich unser Denken und Verhalten nicht in Luft auf. Es sollte klar geworden sein, dass wir nicht nur unsere Gene an unsere biologischen Nachkommen weitergeben werden. Auch das, was wir sagen oder tun, beeinflusst andere. Einige Forscher sprechen bei der Weitergabe oder «Vererbung» von Ideen von «Memen», die weitergegeben würden. Das Gute, das wir tun, so hoffen wir, wird jene, die unsere guten Handlungen sehen oder spüren, auch das Gute tun lassen. Was wir Gutes sagen, wird unsere Hörer auf gute Gedanken bringen. Dies zumindest ist unsere Hoffnung. Die Forschung zeigt auch, dass Menschen andere Menschen nachahmen, wie wir im Abschnitt *Lernen am Modell* gesehen haben. Wenn andere etwas tun, das nicht bestraft wird, dann wird es nachgeahmt, unabhängig davon, ob es gut oder schlecht ist.

Wir haben auch gesehen, dass unsere Gedanken auf uns selbst wirken: Nur der vorbereitete Geist wird im entscheidenden Moment das Richtige tun. Das richtige Sprechen und Denken vorzubereiten bedeutet, den Geist zu trainieren, wie man den Körper trainiert, um ihn fit zu halten. Wir wissen inzwischen, dass unser Körper gar nicht allzu viel Training braucht, wenn man nicht gerade Spitzensport treiben will: gesunde Ernährung, frische Luft, 20 Minuten Bewegung pro Tag, die unseren Blutkreislauf anregt. Wahrlich nicht viel! Wie viel Training aber ist nötig, um sich einen gesunden Geist zu erhalten? Wir wissen es nicht. Vielleicht nicht allzu viel, weder angestrengtes Training noch stundenlange Meditation. Wir müssen ab und zu innehalten und uns bewusstmachen, was für uns das Gute ist. Dies müssen wir uns dann konsequent zur Richtschnur machen. Darüber hinaus ist es gut, sich ganz konkret mit den einzelnen Handlungen zu befassen. Ein paar abstrakte Prinzipien auf Vorrat zu haben genügt nicht: Wir müssen sie auch auf unsere alltäglichen Handlungen anwenden, indem wir uns ganz konkret vornehmen, was wir tun wollen.

Das Gute leben

Wir haben diskutiert, wie der Einzelne sein Leben richtig führen kann, wenn er weiß, was das Gute ist. Wir haben uns auf einen Streifzug durch die Psychologie beschränkt: Wie kann der Einzelne denken, reden und handeln, damit sein Leben sich seiner idealen Vorstellung davon annähert, was das Gute sei. Natürlich könnten Ernährungswissenschaftler beschreiben, wie wir uns gesund ernähren; Ökologen und Chemiker, wie wir umweltfreundlich leben; Architekten, wie wir energiesparende Häuser bauen. Wer das Gute leben will, braucht ein umfangreiches Wissen aus all diesen Bereichen. Auch hier gilt, dass gute Absichten nicht ausreichen; wir müssen auch dementsprechend handeln.

Wir als Einzelne können vieles tun für eine bessere Welt. Wir dürfen aber nicht vergessen, dass Einzelne sich nur dann entfalten und das Gute verwirklichen können, wenn sie in einem Rechtsstaat leben, der ihnen einerseits die Freiheit gibt, das zu tun, was sie für gut halten, und andererseits diese Freiheit gegenüber Eingriffen – nicht zuletzt vonseiten staatlicher Organe – schützt. Die Menschen in Deutschland heute stecken glücklicherweise in weniger moralischen Zwickmühlen als ihre Vorfahren zur Zeit des Nationalsozialismus. Eine norwegische Politikerin kann ehrlich bleiben und überleben; ein Politiker in Nordkorea kann dies kaum. Es ist die Aufgabe von Politikern und Wirtschaftsleuten, von Sozial- und Rechtswissenschaftlern, Bedingungen für gesellschaftliche Rahmenbedingungen zu formulieren und zu schaffen, die unsere Freiheiten garantieren und Eingriffe in diese Freiheit erschweren; die für Gerechtigkeit sorgen und Willkür vermeiden, was nicht zuletzt heißt, dass alle Menschen gleich sind vor dem Gesetz. Allerdings kann der Staat diese Rahmenbedingungen nicht durchsetzen, ohne dass wir alle ein Klima der Freiheit und Gerechtigkeit schaffen. Wenn in einem Betrieb oder in der Politik Machtstreben statt Sachkompetenz darüber entscheidet, wer die Führungspositionen erklimmt, dann nützen alle schönen Paragraphen nichts: Selbst wenn alle Gesetze und Vorschriften eingehalten werden, herrscht dort dann ein raues Klima der Machtgier. Wir können es aber besser machen. Da ist jeder Einzelne gefordert. Jeder von uns kann seinen Beitrag leisten, damit sich das Gute durchsetzt.

Weiterführende Literatur

Anstelle einer detaillierten Übersicht über die verwendete Fachliteratur liste ich weiterführende Literatur auf, die ihrerseits auf die Fachliteratur verweist.

Einleitung

Dahrendorf, R. (2006). *Versuchungen der Unfreiheit. Die Intellektuellen in Zeiten der Prüfung.* München: C.H. Beck.

Popper, K. (1992). *Die offene Gesellschaft und ihre Feinde.* Stuttgart: UTB (Originalausgabe 1945).

Die Quellen des Guten

Blackburn, S. (2003). *Ethics. A Very Short Introduction.* Oxford: Oxford University Press.

Cohen, M. (2005). *99 moralische Zwickmühlen* (4. Auflage; übersetzt von Rita Seuß und Thomas Wollermann). München: Piper.

Höffe, O. (2007). *Lebenskunst und Moral oder Macht Tugend glücklich?* München: C.H. Beck.

James, W. (2003). *Die Vielfalt religiöser Erfahrung. Eine Studie über die menschliche Natur* (2. Auflage). Frankfurt am Main: Insel (Englisches Original 1902).

Vossenkuhl, W. (2006). *Die Möglichkeiten des Guten. Ethik im 21. Jahrhundert.* München: C.H. Beck.

Die Dreiteilung in gute Gedanken, gute Worte und gute Taten im Zoroastrismus

Stausberg, M. (2005). *Zarathustra und seine Religion.* München: C.H. Beck.

Psychologie (in allen folgenden Kapiteln)

Cialdini, R. B. (1997). *Die Psychologie des Überzeugens*. Bern: Huber.

Gilbert, D. (2007). *Stumbling on happiness*. New York: Vintage.

Gilovich, T., Keltner, D., & Nisbett, R. E. (2006). *Social Psychology*. New York: W. W. Norton.

Pohl, R. (2004). *Cognitive illusions*. Hove: Psychology Press.

Reber, R. (2008). *Kleine Psychologie des Alltäglichen* (2. Auflage). München: C. H. Beck.

Schwartz, S. (1988). *Wie Pawlow auf den Hund kam ... Die 15 klassischen Experimente der Psychologie*. Weinheim: Beltz.

Warum wir das Gute nicht tun

Dawes, R. M. (1996). *The house of cards. Psychology and Psychotherapy built on myth*. New York: Simon & Schuster.

Gini, A. (2006). *Why it's Hard to be Good*. New York: Routledge.

Die guten Gedanken

Gigerenzer, G. (2007). *Bauchgefühle*. München: Bertelsmann.

Gilovich, T. (1991). *How we know what isn't so*. New York: The Free Press.

Gilovich, T., Griffin, D., & Kahneman, D. (2002). *Heuristics and biases. The psychology of intuitive judgement*. Cambridge: Cambridge University Press.

Kast, B. (2007). *Wie der Bauch dem Kopf hilft*. Frankfurt am Main: S. Fischer.

Traufetter, G. (2007). *Intuition*. Reinbek: Rowohlt.

Die guten Worte

Gottman, J. M., & Silver, N. (1999). *Die 7 Geheimnisse der glücklichen Ehe*. Berlin: Ullstein Taschenbuch.

Schulz von Thun (1981). *Miteinander reden*. Reinbek: Rowohlt.

Die guten Taten

Forsyth, D. R. (2006). *Group dynamics*. Belmont, CA: Thomson.

Modernes Leben in der Beck'schen Reihe

Verlag C. H. Beck